REZEPTE: ANNE-KATRIN WEBER · TEXTE: SABINE SCHLIMM

Küchenschätze

Rezepte für die Seele

FOTOS: JULIA HOERSCH

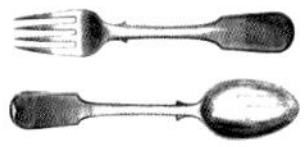

Der Geschmack der Erinnerung

Kennen Sie das? Manchmal reicht ein Duft in der Nase, ein Geschmack auf der Zunge, und sofort stehen einem Bilder von früher vor Augen. Zumindest uns geht es so:

»Ich beiße in eine Scheibe frisches Holzofenbrot, bestrichen mit Butter und selbst gekochter Himbeermarmelade – und plötzlich bin ich wieder klein, sitze in Omas Küche auf der Arbeitsplatte und halte einen Teller mit dem Brot auf den Knien, das meine Oma mir gestrichen hat. Dabei sehe ich ihr zu, wie sie vor sich hin werkelt.«

»Eine bestimmte Geruchsmischung aus Putzmitteln und dem Duft warmer Hefe versetzt mich zurück in die Samstage meiner Kindheit. Die Tür zum Garten steht offen; draußen fahren die Nachbarskinder Rollschuh, ich will auch raus. Und ich weiß: Wenn ich zurückkomme, gibt es ein Stück frisch gebackenen Streuselkuchen.«

Solche Erinnerungen bringen ein Gefühl der Geborgenheit mit, nach dem wir uns mitunter sehnen. Dann soll ein Kartoffelsalat, bitteschön, wieder so schmecken wie der von Mutter, der Braten so duften wie damals und noch mal der Lieblingspudding auf dem Tisch stehen. Wer Glück hat, besitzt ein paar handschriftliche Rezeptnotizen, die in der Familie weitergereicht wurden. Aber darin stehen nicht selten geheimnisvolle Angaben wie »1 Tasse Béchamelsauce zugeben« oder »Braten im Ofen garen«. Aha. Aber wie genau geht jetzt eine Béchamelsauce noch mal? Und wie heiß soll der Ofen sein?

Für alle, die sich den Geschmack ihrer Kindheit wieder erkochen wollen, haben wir dieses Buch geschrieben (und auch die Sache mit der Béchamelsauce und den Ofentemperaturen erklärt). Zum Glück sind die wahren Küchenschätze meist ganz einfache Gerichte, schnörkel- und zeitlos. Damit diese schlichten Genüsse an den Geschmack unserer Erinnerung heranreichen, ist lediglich zweierlei nötig: erstens gute Zutaten – frischer Fisch, Fleisch aus artgerechter Haltung, knackiges Gemüse. Und zweitens eine Prise Liebe. Man könnte auch sagen: der Wunsch, etwas richtig Gutes zu kochen. Dann schmecken diese Gerichte, wie sie sollen: nach echter Heimwehküche.

Wir wünschen Ihnen viel Spaß dabei, sich der Erinnerung kochend zu nähern!

Suppen und *Eintöpfe*

Suppen werden immer einen besonderen Platz in unserem Herzen haben. Liegt es daran, dass uns das Löffeln und Schlürfen alle wieder zu Kindern macht? Oder daran, dass ein großer Topf mit Eintopf einlädt: »Kommt her, hier werden alle satt!«? Höchste Zeit, den guten alten Suppenrezepten wieder zu ihrem Recht zu verhelfen: der deftigen Samstagsmahlzeit genauso wie dem feinen Sonntagsvorsüppchen.

Grundrezept

Hühnerbrühe

Hühnerbrühe, das ist nicht einfach eine Flüssigkeit: Sie ist Seelentröster und Magenstreichler. Stand sie neben dem Fieberthermometer auf dem Nachttisch, dann hieß das: »Du wirst umsorgt. Komm schnell wieder auf die Beine.«

1/2 Suppenhuhn (ca. 1,5 kg)
Salz
1 Bund Suppengrün
2 Lorbeerblätter
10 schwarze Pfefferkörner
3 Zweige Thymian
oder 3 Stängel Petersilie
Pfeffer
frisch geriebene Muskatnuss

Für ca. 1,5 l Brühe (4 Portionen) · Pro Portion ca. 715 kcal
30 Min. Zubereitung · 2 Std. Garen

1. Das Suppenhuhn rundum gründlich kalt abspülen und in einen großen Topf geben. 2,5 l Wasser und 1/2 TL Salz dazugeben und aufkochen. Mit halb aufgelegtem Topfdeckel bei kleiner Hitze ca. 1 Std. ganz sanft kochen lassen.

2. Inzwischen das Suppengrün waschen, putzen und in grobe Stücke teilen. Suppengrün, Lorbeerblätter, Pfefferkörner und Thymian oder Petersilie zum Huhn geben und alles 1 weitere Std. sanft kochen lassen. Den dabei entstehenden Schaum immer wieder mit der Schaumkelle abschöpfen, damit die Brühe klar bleibt.

3. Das Huhn aus der Brühe heben und etwas abkühlen lassen. Die Brühe durch ein feines Sieb in einen zweiten Topf gießen und mit Salz, Pfeffer und Muskatnuss abschmecken. Das Huhn häuten, das Fleisch von den Knochen lösen und in kleine Stücke schneiden. In die Brühe geben.

Grundrezept

Rinderbrühe

Rinderbrühe gibt ihr fleischig-würziges Aroma gerne an Suppen und Eintöpfe weiter. Wer sie noch nie selbst gekocht hat, auf den wartet eine wunderbare Überraschung: wenn nämlich die Küche von einem unnachahmlich heimeligen Duft erfüllt wird.

1 Zwiebel
600 g durchwachsenes Suppenfleisch vom Rind (z. B. Ochsenbein oder Schulter)
1 Bund Suppengrün
1–2 Knoblauchzehen
2 Lorbeerblätter
10 schwarze Pfefferkörner
5 Pimentkörner
5 Wacholderbeeren
3 Zweige Thymian oder 3 Stängel Petersilie
Salz · Pfeffer
frisch geriebene Muskatnuss

Für ca. 1,5 l Brühe (4 Portionen) · Pro Portion ca. 475 kcal
30 Min. Zubereitung · 2 Std. Garen

1. Die Zwiebel schälen und halbieren. Die Zwiebelhälften mit den Schnittflächen nach unten in einen großen Topf legen und ohne Fett bei mittlerer Hitze anrösten, bis die Schnittflächen braun sind. 2,5 l kaltes Wasser dazugießen, das Fleisch hineinlegen. Langsam aufkochen und mit halb aufgelegtem Topfdeckel bei kleiner Hitze ca. 1 Std. ganz sanft kochen lassen.

2. Inzwischen das Suppengrün waschen, putzen und in grobe Stücke teilen. Knoblauch schälen. Suppengrün, Knoblauch, Lorbeerblätter, Gewürze und Kräuter zum Fleisch geben und alles 1 weitere Std. sanft kochen lassen. Den dabei entstehenden Schaum immer wieder abschöpfen, damit die Brühe klar bleibt.

3. Das Fleisch herausnehmen, die Brühe durch ein feines Sieb in einen zweiten Topf gießen. Die Brühe mit Salz, Pfeffer und Muskatnuss abschmecken. Je nach weiterer Verwendung das Fleisch in kleine Stücke schneiden und in die Brühe geben.

Rindfleisch-Nudelsuppe

Faden oder Sternchen, kleine Muscheln oder sogar Buchstaben bringen mehr als nur Abwechslung in den Suppenteller. Manch einer schlürft zuerst die Brühe, um sich die wunderbar würzigen Nudeln bis zu den allerletzten Löffeln aufzusparen.

125 g Suppennudeln
Salz
1 dünne Stange Lauch
4 dünne Möhren
1 Stück Knollensellerie (ca. 150 g)
1–2 Petersilienwurzeln (ca. 200 g)
Suppenfleisch und 1,5 l Rinderbrühe nach dem Grundrezept auf Seite 9
Pfeffer
frisch geriebene Muskatnuss
1 Bund Schnittlauch

Für 4 Portionen · Pro Portion ca. 635 kcal · 45 Min. Zubereitung

1. Die Nudeln in kochendem Salzwasser nach Packungsanleitung kochen, abgießen, kalt abschrecken und abtropfen lassen. Den Lauch putzen, der Länge nach aufschlitzen, gründlich waschen und in Ringe schneiden. Möhren, Sellerie und Petersilienwurzeln putzen, schälen und in feine Scheiben schneiden. Die Brühe aufkochen, das Gemüse dazugeben und alles 10 Min. kochen lassen.

2. Das Suppenfleisch in kleine Würfel schneiden, mit den Nudeln zur Suppe geben und erhitzen. Die Suppe mit Salz, Pfeffer und Muskatnuss abschmecken. Den Schnittlauch waschen, trocken schütteln und in Röllchen schneiden. Die Suppe auf vier tiefe Teller verteilen und mit Schnittlauch bestreuen.

Variante: Rindfleischsuppe mit Markklößchen

Markklößchen – ob zusätzlich zu den Nudeln oder an ihrer Stelle – geben der Rindfleischsuppe etwas Festliches. Vor allem Kinder lieben die würzigen Bällchen heiß und innig. Achten Sie also am besten darauf, so viele Markklößchen herzustellen, dass sie sich gerecht durch die Anzahl der Esser teilen lassen!
Für die Klößchen 1/2 Brötchen in warmem Wasser einweichen. 40 g Rindermark in einer Pfanne bei mittlerer Hitze auslassen, durch ein Sieb in eine Schüssel gießen und erkalten lassen. 1/2 Bund Petersilie waschen, trocken schütteln, die Blättchen abzupfen und fein hacken. Das Mark schaumig rühren. Das halbe Brötchen gut ausdrücken und etwas zerzupfen. Mark, Brötchen und Petersilie mit 50 g Semmelbröseln und 1 Ei (Größe M) verkneten, mit Salz, Pfeffer und Muskatnuss sehr würzig abschmecken. Kirschgroße Bällchen formen und in der siedenden Brühe ziehen lassen, bis sie an die Oberfläche steigen.

Brühe:

Klare Sachen

Was heute Carpaccio oder Rucolasalat mit gebratenen Garnelen sind, das war früher die klare Suppe: der feine Auftakt für ein ganz besonderes Festmahl. So sehr wurde sie in Ehren gehalten, dass man ihr, kam sie mit ein paar leckeren Einlagen daher, sogar den Namen »Hochzeitssuppe« gab. Schon mal was von Hochzeitscarpaccio gehört?

Feine Brühe weckt auf ihre leicht salzige und fleischwürzige Art die Geschmacksnerven für das, was da kommen soll, ohne bereits selbst den Appetit zu dämpfen. Festlich wird sie durch die Suppeneinlagen, von denen unsere Großmütter noch jede Menge kannten: Nudeln und Pfannkuchenstreifen, streichholzdünn geschnittene Möhren- und Selleriestückchen (Julienne) – und erst die verschiedenen Klößchen! Grießklößchen, Leberknödel, Markklößchen, Mehlklößchen … Wörter aus einer anderen Zeit, als »Suppe kochen« noch nicht hieß »Tüte aufreißen«. Drei einfache Rezepte für das Suppenglück der klaren Art:

Riebele

Für diese geriebenen Nudeln 100 g Mehl, 1 Ei und 1/2 TL Salz in eine Schüssel geben und zu einem sehr festen Nudelteig verkneten. Den Teig auf einer groben Reibe zu unregelmäßigen Nudeln reiben. Die Riebele in die kochende Brühe geben. Sie sind gar, sobald sie an der Oberfläche schwimmen.

Grießklößchen

250 ml Milch mit 1/2 TL Salz aufkochen. In die kochende Milch 70 g Weichweizengrieß auf einmal hineinschütten und unter ständigem Rühren in ca. 5 Min. zu einem dicken Brei ausquellen lassen. Den Topf vom Herd ziehen und den Grießbrei ca. 10 Min. abkühlen lassen. Erst jetzt 1 Ei gründlich unterrühren und die Masse mit Muskatnuss abschmecken.
In einem Topf Salzwasser aufkochen. Aus der Grießmasse mit zwei in kaltes Wasser getauchten Teelöffeln kleine Klößchen formen und in das siedende Wasser geben. Die Klößchen 8–10 Min. bei kleiner Hitze sieden lassen, dann mit einer Schaumkelle herausheben. Kurz vor dem Servieren in die heiße Brühe geben.

Kräuterflädle

Feine Pfannkuchenstreifen sind ein süddeutscher Beitrag zur Suppenkultur. Dafür 50 g Mehl mit 100 ml Milch glatt rühren. 2 Eier und 1 EL fein gehackte Kräuter (Schnittlauch, Petersilie, Kerbel, Estragon) unterrühren und den Teig mit Salz und Pfeffer würzen. 10 Min. quellen lassen. In einer beschichteten Pfanne jeweils 1–2 TL Butter erhitzen und aus dem Teig nacheinander 4–5 dünne Pfannkuchen backen.
Die Pfannkuchen aufrollen, abkühlen lassen und die Rollen in schmale Streifen schneiden. Kurz vor dem Servieren in die heiße Brühe geben.

Plädoyer für die Brühe

Brühe, die als Pulver aus dem Glas gelöffelt und nur mit heißem Wasser aufgegossen wird, schmeckt immer gleich. Sicher, häufig ist das praktisch: wenn für ein Gericht nur eine kleine Menge gebraucht wird oder um schnell eine Gemüsesuppe mit viel drin auf den Tisch zu bringen. Die selbst gekochte Brühe kostet erst einmal mehr Zeit. Es dauert, bis Fleisch und Suppengemüse ihren Geschmack an das leicht siedende Wasser abgegeben haben. Dafür hat man aber auch während des Kochens kaum etwas zu tun, und die Brühe lässt sich leicht in großen Mengen vorbereiten und portionsweise einfrieren. So reicht sie für etliche Mahlzeiten. Außerdem kann man hier den Geschmack nach Belieben beeinflussen. Ein größeres Stück Sellerie gibt ein anderes Suppenaroma als eine zusätzliche Stange Lauch oder sogar eine kleine Handvoll getrockneter Steinpilze. Probieren Sie es aus! Und wundern Sie sich nicht, wenn Sie süchtig danach werden, die eigene Brühe zu kochen. Denn dieser wunderbare Duft, der über Stunden hinweg aus der Küche dringt, riecht nach Zuhause, nach Wärme und Geborgenheit.

Tomatensuppe

mit Eierstich

Eierstich war schon immer die Suppeneinlage für besondere Anlässe. Wegen der Zubereitung im Wasserbad umschwebt ihn eine gewisse Aura des Festlichen, Anspruchsvollen. Dabei ist es ganz einfach, ihn selbst zu machen.

Für den Eierstich:
2 Eier (Größe M)
2 Eigelbe (Größe M)
150 ml Milch
Salz
Pfeffer
frisch geriebene Muskatnuss

Für die Suppe:
50 g durchwachsener Speck
1 Zwiebel
1 kleine Möhre
1 Stange Staudensellerie
1 EL neutrales Pflanzenöl
1 EL Mehl
500 ml Fleisch- oder Gemüsebrühe
1 große Dose geschälte Tomaten (800 g)
3 gehäufte EL Tomatenmark
Salz · Pfeffer
1 Prise Zucker

Außerdem:
Butter für die Form
1 Bund Schnittlauch zum Servieren

Für 4 Portionen · Pro Portion ca. 340 kcal · 1 Std. Zubereitung

1. Für den Eierstich die Eier und Eigelbe in einer Schüssel gut verrühren. Die Milch aufkochen und unter Rühren dazugeben. Alles durch ein feines Sieb passieren, mit Salz, Pfeffer und Muskatnuss würzen. Eine hitzefeste, flache Schale mit Butter einfetten und in einen größeren Topf stellen. So viel heißes Wasser in den Topf füllen, dass die Schale zu zwei Dritteln im Wasser steht. Nun die Eiermilch in die Schale gießen und bei ganz kleiner Hitze in 20–25 Min. stocken lassen. Den Eierstich herausnehmen und abkühlen lassen.

2. Für die Suppe den Speck ohne Schwarte würfeln. Die Zwiebel schälen und fein würfeln. Die Möhre schälen, putzen und klein würfeln, den Sellerie putzen, waschen, abtrocknen und klein schneiden.

3. Das Öl in einem Topf erhitzen und die Speckwürfel darin bei mittlerer Hitze auslassen. Zwiebel, Möhre und Sellerie dazugeben und 2 Min. mit andünsten. Das Mehl darüberstäuben und kurz mit anschwitzen. Unter Rühren die Brühe dazugießen, die Schältomaten samt Saft und das Tomatenmark zugeben und die Suppe aufkochen. Alles bei kleiner Hitze 20 Min. leicht kochen lassen. Die Suppe durch eine Flotte Lotte (Passiermühle) oder ein nicht zu feines Sieb streichen, mit Salz, Pfeffer und Zucker abschmecken.

4. Den Eierstich am Rand mit einem Messer aus der Schale lösen, auf ein Brett stürzen und in kleine Würfel schneiden. Den Schnittlauch abbrausen, trocken schütteln und in feine Röllchen schneiden. Suppe und Eierstich auf Teller verteilen und mit Schnittlauch bestreuen.

Serviertipp

Es gibt einen festlichen Anlass? Dann stechen Sie den Eierstich doch einmal mit kleinen **Plätzchenformen** aus, zum Beispiel in Blütenform.

Spargelcremesuppe

Importe und Konserven aus dem Glas versuchen ihr Bestes, die Spargelsaison aufs ganze Jahr auszuweiten. Dabei ist nichts so wunderbar wie der erste Löffel Spargelsuppe, auf den man sich fast elf Monate lang gefreut hat.

500 g weißer Spargel
Salz
1 TL Zucker + Zucker zum Abschmecken
3 EL Butter
2 EL Mehl
100 ml Weißwein (oder Gemüsebrühe und 1 EL Zitronensaft)
Pfeffer
1/2 Bund Kerbel oder Schnittlauch
150 g Sahne

Für 4 Portionen · Pro Portion ca. 195 kcal · 1 Std. Zubereitung

1. Den Spargel waschen, die Enden großzügig abschneiden und die Stangen schälen. Die Spargelschalen und -enden mit 1 l Wasser, knapp 1 TL Salz und 1 TL Zucker aufkochen. Alles 20 Min. bei kleiner Hitze ziehen lassen. Den Spargelsud durch ein feines Sieb gießen und etwas abkühlen lassen.

2. In der Zwischenzeit die Spargelspitzen abschneiden, längs halbieren und zugedeckt beiseitestellen. Die Stangen in kurze Stücke schneiden. 2 EL Butter in einem Topf erhitzen, die Spargelstücke darin 2 Min. andünsten. Das Mehl darüberstäuben, unterrühren und leicht mit anschwitzen. Mit dem Weißwein ablöschen, etwas einkochen, dann unter Rühren den Spargelsud dazugießen. Alles aufkochen und 10 Min. bei kleiner Hitze kochen lassen. Die Suppe mit dem Pürierstab fein pürieren und durch die Flotte Lotte (Passiermühle) oder ein Sieb in einen zweiten Topf streichen.

3. Den restlichen EL Butter in einer Pfanne erhitzen und die Spargelspitzen darin ca. 5 Min. langsam anbraten. Mit Salz und Pfeffer würzen. Den Kerbel waschen, trocken schütteln, die Blättchen abzupfen und grob hacken (oder den Schnittlauch waschen, trocken schütteln und in Röllchen schneiden). Die Sahne zur Suppe gießen, die Suppe noch einmal erhitzen und mit Salz, Pfeffer und Zucker abschmecken. Die heiße Suppe in Teller gießen und die Spargelspitzen daraufgeben. Mit den Kräutern bestreuen.

Einkaufstipp

Für die Spargelsuppe kommt es nicht darauf an, dass die Spargelstangen besonders dick oder gleichmäßig gewachsen sind. Häufig bekommt man sehr dünnen, krummen oder Bruchspargel als **Suppenspargel** günstiger. Nur frisch sollte er sein. Deshalb lieber Finger weg von Stangen, die im Anschnitt angetrocknet aussehen!

Kartoffelsuppe

mit Würstchen

Unter den dicken Suppen ist die Kartoffelsuppe Königin: sättigend mit jedem Bissen, dabei so einfach abzuwandeln, dass sie immer wieder neu daherkommt. Aber der Klassiker verdient es, sich immer wieder auf ihn zu besinnen. Schon wegen der Würstchen!

1 große Zwiebel
1 kleine Stange Lauch
600 g Kartoffeln (am besten eine mehligkochende Sorte)
2–3 Möhren (ca. 200 g)
1 Stück Knollensellerie (ca. 150 g)
2 EL Butter
1,25 l kräftige Rinder- oder Gemüsebrühe
1 Lorbeerblatt
Salz · Pfeffer
frisch geriebene Muskatnuss
100 g Sahne
4 Wiener Würstchen
1/2 Bund Petersilie

Für 4 Portionen · Pro Portion ca. 620 kcal · 1 Std. Zubereitung

1. Zwiebel schälen und würfeln. Lauch putzen, der Länge nach aufschlitzen, gründlich waschen und in schmale Ringe schneiden. Kartoffeln, Möhren und Sellerie putzen, schälen und grob würfeln.

2. Die Butter in einem großen Topf zerlassen und die Zwiebelwürfel darin goldgelb andünsten. Möhren- und Selleriewürfel dazugeben und unter Rühren ca. 2 Min. mitdünsten. Die Brühe dazugießen; Lauch, Kartoffelwürfel und Lorbeerblatt hinzufügen, alles mit Salz, Pfeffer und Muskatnuss würzen und aufkochen. Die Suppe bei kleiner Hitze im geschlossenen Topf ca. 25 Min. köcheln lassen.

3. Das Lorbeerblatt entfernen. Zwei Kellen Gemüse aus dem Topf nehmen und den Rest der Suppe mit dem Pürierstab pürieren. Danach die Gemüsestücke wieder unter die Suppe rühren. Wer die Suppe sehr fein und cremig mag, püriert die ganze Menge. Die Sahne unterrühren, die Suppe mit Salz, Pfeffer und Muskatnuss abschmecken.

4. In einem Topf Wasser erhitzen, die Würstchen hineingeben und in ca. 5 Min. erwärmen. Die Würstchen herausnehmen und in die heiße Suppe geben. (Wer gleich Wurstscheiben in der Suppe haben möchte, braucht die Würstchen nicht eigens zu erhitzen, sondern schneidet sie in Scheiben und erwärmt sie in der Suppe.) Die Petersilie waschen, trocken schütteln, die Blättchen abzupfen und fein hacken. Die Suppe mit Petersilie bestreut servieren.

Küchenpraxistipp

Wie hätten Sie's denn gerne – supercremig oder lieber etwas rustikaler? Das Pürieren mit dem Pürierstab sorgt für eine sehr glatte Konsistenz. Früher drehte man die Suppe durch die Flotte Lotte, die Passiermühle. Sie blieb und bleibt dabei etwas stückiger.

Erbseneintopf

Samstags wurde geputzt, so war das früher. Und weil geputzt wurde, fiel der Aufwand fürs Kochen sparsamer aus als an anderen Tagen. Suppe konnte man getrost sich selbst überlassen – je länger man sie kocht, desto besser wird sie. Das gilt besonders für Erbsensuppe.

Für die Suppe:
1 große Zwiebel
150 g durchwachsener Bauchspeck
500 g getrocknete grüne Schälerbsen
1,5 l kräftige Gemüse- oder Fleischbrühe
1 Lorbeerblatt
1 TL getrockneter Majoran
2 große mehligkochende Kartoffeln
2 Möhren
1 Stück Sellerie (ca. 150 g)
1 Bund Petersilie
Salz · Pfeffer
frisch geriebene Muskatnuss

Für die Croûtons:
2 Scheiben Weißbrot (oder Toastbrot)
3 EL Butter
Salz · Pfeffer

Für 4 Portionen · Pro Portion ca. 810 kcal
40 Min. Zubereitung · 1 Std. Garen

1. Die Zwiebel schälen und fein würfeln. Den Speck ohne Schwarte fein würfeln. Die Speckwürfel in einem weiten Topf bei mittlerer Hitze ca. 2 Min. auslassen, die Zwiebelwürfel zugeben und goldbraun anbraten. Die Erbsen hinzufügen und unterrühren. Alles mit der Brühe aufgießen, Lorbeerblatt und Majoran hinzufügen. Aufkochen, dann bei kleiner Hitze im leicht geöffneten Topf ca. 40 Min. köcheln lassen.

2. Inzwischen Kartoffeln, Möhren und Sellerie putzen, schälen und in ca. 1 cm große Würfel schneiden. Zum Eintopf geben und weitere 20–30 Min. kochen lassen, bis die Gemüsewürfel gar und die Erbsen weich sind. Die Petersilie waschen, trocken schütteln, die Blättchen fein hacken und unterrühren. Mit Salz, Pfeffer und Muskat würzen.

3. Für die Croûtons das Weißbrot in kleine Würfel schneiden. Die Butter in einer weiten Pfanne aufschäumen lassen, die Brotwürfel hineingeben und bei mittlerer Hitze rundherum knusprig hellbraun anbraten. Leicht salzen und pfeffern. Die heiße Suppe in Teller füllen und die Croûtons daraufgeben. Gleich servieren!

Küchenpraxistipp

Schälerbsen heißt das Zeitspar-Zauberwort für diese Suppe. Sie haben nämlich eine viel kürzere Garzeit als die ganzen, ungeschälten Erbsen, die in Großmutters Kochbuch für Erbsensuppe verwendet werden. Außerdem muss man sie nicht über Nacht einweichen.

Extra-herzhafte Variante

Wer der Erbsensuppe noch mehr **Fleischgeschmack** geben möchte, kocht 1 dicke Scheibe rohes Kasseler (ca. 250 g) mit. Am Schluss der Garzeit das Fleisch herausfischen, vom Knochen lösen, in kleine Stücke schneiden und wieder in die Suppe geben.

Birnen, Bohnen und Speck

In Norddeutschland liebt man die Kombination von Herzhaftem mit Süßem, so wie in diesem klassischen Eintopfgericht. Grüne Bohnen und die ersten harten Birnen erscheinen gleichzeitig auf dem Markt und wandern gleichzeitig in den Topf. Das perfekte Gericht für den Spätsommer!

1 Zwiebel
1 EL neutrales Pflanzenöl
1,25 l Fleischbrühe
350 g durchwachsener Räucherspeck
750 g grüne Bohnen
500 g kleine festkochende Kartoffeln
500 g kleine, feste Birnen (Kochbirnen)
1 Bund Bohnenkraut
1/2 Bund Petersilie
Salz · Pfeffer
frisch geriebene Muskatnuss

Für 4 Portionen · Pro Portion ca. 900 kcal · 1 Std. Zubereitung

1. Die Zwiebel schälen und würfeln. In einem großen Topf das Öl erhitzen und die Zwiebelwürfel darin glasig dünsten. 500 ml Fleischbrühe dazugießen, den Speck (am Stück) dazugeben und aufkochen. Den Speck 20 Min. bei kleiner Hitze kochen lassen.

2. Inzwischen die Bohnen waschen, putzen, falls nötig entfädeln und halbieren. Die Kartoffeln schälen und in mundgerechte Stücke schneiden. Den Speck nach 20 Min. aus dem Topf nehmen und ohne die Schwarte in Scheiben schneiden. Mit den Kartoffeln und der restlichen Brühe wieder in den Topf geben und alles 10 Min. kochen lassen. Inzwischen Birnen schälen, vierteln, das Kerngehäuse herausschneiden und die Birnenviertel in Spalten schneiden. Birnen und Bohnen zum Eintopf geben und alles weitere 10–15 Min. kochen lassen.

3. Bohnenkraut und Petersilie waschen, trocken schütteln, die Blättchen hacken. Die Kräuter zum Eintopf geben und darin erhitzen. Mit Salz, Pfeffer und Muskatnuss abschmecken.

Knusperspeck-Variante

Nicht jeder mag gekochten **Speck,** aber die Kombination aus salzigem Speck, grünen Bohnen und süßsäuerlichen Birnen ist zu gut, um sie nicht trotzdem auszuprobieren. Deshalb hier eine Variante, in der der Speck **knusprig** daherkommt – nicht original, aber die Nordlichter mögen es verzeihen: Die Kartoffelstücke wie oben beschrieben in Fleischbrühe garen und nach 10 Min. die geputzten, halbierten Bohnen und die Birnenviertel zugeben. Weitere 15 Min. garen. 200 g durchwachsenen Speck ohne Schwarte fein würfeln, in einer Pfanne ohne Fett bei kleiner Hitze auslassen und knusprig braten. Speck und Kräuter (wie oben) zum Eintopf geben, alles noch 5 Min. durchziehen lassen, mit Salz, Pfeffer und Muskatnuss würzen.

Gulaschsuppe

Sie ist die klassische Mitternachtssuppe und war es schon, als man die Salzstangen für die Party noch auf den Nierentisch stellte. Auf den Karten mancher Kneipen hat sie bis heute überlebt – als schnell erhitzte Dosenware. Hier kommt die selbst gekochte Version. Kein Vergleich!

300 g Rindfleisch zum Schmoren (z. B. aus der Schulter oder Wade)
1 große Zwiebel
1 rote Paprikaschote
1 grüne Paprikaschote
2 EL neutrales Pflanzenöl
1 EL rosenscharfes Paprikapulver
1 EL edelsüßes Paprikapulver
2 EL Tomatenmark
100 ml trockener Rotwein
900 ml Fleischbrühe
1 Lorbeerblatt
300 g Kartoffeln
1 Knoblauchzehe
1 TL abgeriebene Schale von 1 Bio-Zitrone
1 TL Kümmelsamen
1/2 TL gerebelter Majoran
Salz

Für 4 Portionen · Pro Portion ca. 370 kcal
40 Min. Zubereitung · 1 Std. Garen

1. Das Fleisch abtupfen und in ca. 2 cm große Würfel schneiden. Die Zwiebel schälen und fein würfeln. Die Paprikaschoten halbieren und putzen. Weiße Trennwände und Kerne entfernen, die Paprikahälften waschen und in kleine Würfel schneiden.

2. Das Öl in einem schweren Topf erhitzen. Die Fleischwürfel darin ca. 3 Min. scharf anbraten. Zwiebeln dazugeben und ca. 3 Min. mitrösten. Paprikastücke dazugeben und 1 Min. mit anbraten. Beide Sorten Paprikapulver darüberstäuben, das Tomatenmark dazugeben und unterrühren. Mit Wein ablöschen, die Brühe angießen, das Lorbeerblatt dazugeben, aufkochen und alles im geschlossenen Topf bei mittlerer Hitze ca. 1 Std. kochen lassen, bis das Fleisch weich ist.

3. Inzwischen die Kartoffeln schälen und in zentimetergroße Würfel schneiden. Nach 45 Min. Garzeit unterrühren und mitkochen.

4. Den Knoblauch schälen und fein hacken, mit Zitronenschale, Kümmel und Majoran 5 Min. vor Ende der Garzeit zur Suppe geben und mitkochen lassen. Die Suppe mit Salz abschmecken.

Würztipp

Wie es sich für ein Rezept mit ungarischen Wurzeln gehört, ist **Paprikapulver** bei der Gulaschsuppe das A und O. Falls Sie nur ein Gläschen haben, das bereits seit Jahren neben dem Herd im Gewürzregal vor sich hin schlummert, ist jetzt der Zeitpunkt gekommen, es wegzuwerfen und ein frisches zu kaufen. Denn die Würzkraft des Paprikapulvers lässt mit der Zeit nach. Lagern Sie Gewürze am besten kühl und dunkel (also gerade nicht direkt neben dem Herd), und sortieren Sie gelegentlich diejenigen aus, die älter als ein Jahr sind.

Kartoffeln, Gemüse und Nudeln

Kartoffeln, Nudeln, Spätzle und Knödel sind nicht zu Solokünstlern geboren, sondern halten sich als »Beilagen« gern bescheiden im Hintergrund. Aber wenn sie der richtigen Begleitung aus Saucen und Gewürzen begegnen, erleben sie eine magische Verwandlung. Schon früher liefen sie den Hauptgerichten in unserer heimlichen Lieblingsessensliste häufig den Rang ab. Und daran hat sich nichts geändert.

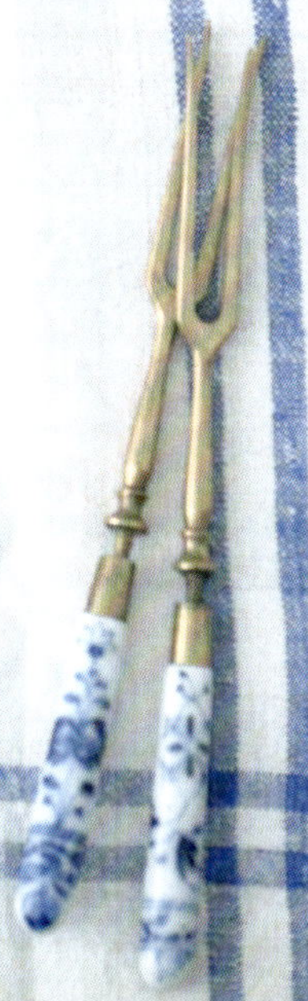

Bratkartoffeln

Am knusprigsten sind Bratkartoffeln immer in der Erinnerung, in der sie unerreicht goldgelb aus der großen Pfanne kommen. Und mit Erinnerungen soll man ja eigentlich nicht konkurrieren – aber dieses Rezept ist zu gut, um es nicht trotzdem auszuprobieren!

750 g kleine Pellkartoffeln vom Vortag (aus festkochenden Kartoffeln, z. B. Bio-Linda)
50 g durchwachsener Speck
1 große Zwiebel
4 EL neutrales Pflanzenöl
2 EL Butter
Salz · Pfeffer

Für 4 Portionen · Pro Portion ca. 335 kcal · 30 Min. Zubereitung

1. Die Kartoffeln pellen und in gleichmäßige, 2–3 mm dünne Scheiben schneiden. Den Speck ohne Schwarte fein würfeln. Die Zwiebel schälen und fein würfeln.

2. Das Öl in einer weiten Pfanne erhitzen. Die Kartoffelscheiben hineingeben und ca. 5 Min. bei mittlerer Hitze anbraten. Die Speckwürfel hinzufügen, die Kartoffeln wenden und die Zwiebelwürfel darüberstreuen. Weitere 5 Min. braten, dann die Pfanne durchrütteln, sodass alles gut verteilt ist. Die Butter am Pfannenrand hineingleiten lassen. Die Kartoffeln weitere 5 Min. braten, bis sie knusprig gebräunt sind, dann erst salzen und pfeffern.

Aromatipp

Deftig-würzig schmecken Bratkartoffeln mit **Majoran:** Wer frischen auf dem Balkon oder im Garten hat, nimmt die Blättchen von 1–2 Stängeln. Sonst bringen 1–2 TL von dem getrockneten Kraut Würze.

Pellkartoffeln

mit Grüner Sauce

Welche Kräuter in die eine, die wahre Grüne Sauce gehören – da ließ sich Großmutter auf keine Diskussion ein. Pimpinelle und Sauerampfer wuchsen schließlich nur zu diesem Zweck in ihrem Kräuterbeet! Und manchmal muss man Traditionen einfach treu bleiben.

4 Eier
1 Bund Schnittlauch
300 g Frühlingskräuter (ca. 6 Bund; Mischung aus Petersilie, Kerbel, Estragon, Sauerampfer, Pimpinelle oder Zitronenmelisse, Borretsch)
1 Kästchen Gartenkresse
1 Schalotte
400 g Schmand
1–2 TL Dijonsenf
2 EL Weißweinessig
Salz · Pfeffer
1,5 kg neue Kartoffeln

Für 4 Portionen · Pro Portion ca. 620 kcal
1 Std. 15 Min. Zubereitung

1. Für die Grüne Sauce die Eier in 10 Min. hart kochen, abgießen, kalt abschrecken und pellen. Abkühlen lassen. Alle Kräuter abbrausen und trocken schütteln oder schleudern. Die Blättchen abzupfen und fein hacken, den Schnittlauch in feine Röllchen schneiden. Die Kresse mit einer Schere vom Beet schneiden. Die Schalotte schälen und ganz fein hacken.

2. Die Eier fein hacken. Schmand, Senf und Essig verrühren. Gehackte Eier, Kräuter und Schalottenwürfel unterheben. Die Sauce mit Salz und Pfeffer abschmecken. 30 Min. abgedeckt kühl stellen und durchziehen lassen.

3. In der Zwischenzeit die Kartoffeln kräftig abbürsten und waschen. In 20 Min. gar kochen (oder im Schnellkochtopf in 10–12 Min.). Die Kartoffeln mit der Grünen Sauce servieren.

So schlicht, so großartig:

Pellkartoffeln

Unter ihrer bescheidenen braunen Schale steckt viel mehr als nur die goldgelbe, dampfende Verheißung einer sättigenden Mahlzeit. Pellkartoffeln befriedigen auch unseren Hunger nach etwas Beständigem im Leben.

In welcher Familie kamen sie nicht regelmäßig auf den Tisch: Kartoffeln mit Quark? Ein schlichtes Montags- oder Mittwochsgericht, das sich auch in der Erinnerung nicht gleich in den Vordergrund drängt – anders als der Braten, dessen Duft sonntags aus der Küche drang, oder die freitäglichen süßen Hauptgerichte.

Bescheiden – aber beständig

Pellkartoffeln gehörten halt einfach dazu. In ihrer schlichten, unaufdringlichen Art haben sie unser Leben begleitet. Wie stolz waren wir als Kind, als es uns das erste Mal gelang, eine der dampfenden Knollen ganz alleine zu pellen! Wie erwachsen fühlten wir uns, als wir später in der WG-Küche den ersten eigenen Quark anrührten! In der Folgezeit fingen wir an zu experimentieren. In unserer mediterranen Phase probierten wir statt des obligatorischen Quarks Mascarpone mit sonnengetrockneten Tomaten, Kapern und frischem Basilikum. Als wir Amerika mit Brownies und Muffins neu entdeckten, verwandelte sich auch die vertraute Knolle kurzzeitig in eine Baked Potato, zu der es eine Thunfisch-Mayonnaise-Creme gab. Außerdem wanderte jedes Kräutlein, das auf der Fensterbank überlebt hatte, früher oder später in den Dip. Nicht jedes lief darin zu Hochform auf. So ließen wir vom Salbei schnell wieder die Finger.

Die Pellkartoffel machte all das geduldig mit, und sie war da, wann immer wir uns zwischen Pasta und Wok wieder auf sie besannen: weil schnell viele Leute satt werden mussten. Weil der nächste Monatserste noch weit und der Kühlschrank leer war. Weil ihr zur Not etwas Butter und Salz reichten, um zur Delikatesse zu werden. Und zunehmend auch, weil manchmal einfach der Hunger nach etwas Vertrautem, Einfachem auftauchte. Deshalb kam die Kartoffel auch wieder öfter im klassischen Duo mit Quark daher. (Ein Duo übrigens, das Ernährungswissenschaftlern wegen der geradezu idealen Eiweißkombination das Herz höher schlagen lässt. Aber das nur am Rande.) Sosehr wir die kulinarischen Dipp-Experimente der letzten Jahre lieben gelernt hatten – der Quark sollte wieder nach Mutters Küche, nach zu Hause schmecken.

Meine Sockenschublade, dein Quarkrezept

Aber was für eine Überraschung, als wir feststellten, dass es dabei so viele unterschiedliche Vorstellungen wie Familientraditionen gibt! Zusammenzuziehen und sich in das Abenteuer Paarbeziehung zu stürzen, das hieß deshalb nicht nur, sich über die Ordnung im Kleiderschrank auseinanderzusetzen. Sondern auch darüber, ob in den Quark zu Pellkartoffeln Kräuter (und welche?) oder Äpfel gehören, Zwiebeln oder keine Zwiebeln, womöglich sogar hart gekochte Eier – und ob der leicht herbe Geschmack von Leinöl nun als Bereicherung für die Mahlzeit anzusehen ist.

Nur dass es immer mal wieder Kartoffeln und Quark gibt, das stand und steht nicht zur Debatte. Schließlich begleitet uns dieses Gericht schon ein Leben lang. Dabei hat es sich schleichend und ohne großes Aufheben von der unspektakulären Mittwochsmahlzeit in ein Lieblingsessen verwandelt.

In ihrer ganzen Schlichtheit, ihrer Normalität sagt uns die Pellkartoffel nämlich: Die Erde dreht sich noch. Alles wird gut.

Tipps

Wer Kartoffeln kauft, muss als Erstes eine grundsätzliche Entscheidung treffen: Sollen es festkochende, vorwiegend festkochende oder mehligkochende sein? Kartoffelsuppen, Pürees und Kloßteige verlangen nach **mehligkochenden** Knollen mit hohem Stärkegehalt, die sich gut stampfen oder durch die Presse drücken lassen. Bei Pellkartoffeln erweist sich genau diese Eigenschaft als Nachteil, weil die Kartoffeln bereits beim Kochen leicht zerfallen. **Festkochende** Kartoffeln dagegen bezeichnet man in Österreich und Bayern treffend als »speckig«, weil sie auch gegart schön fest bleiben und im Anschnitt glänzen. Sie eignen sich besonders gut für Salate, Brat-, Salz- und Pellkartoffeln – also für alle Gerichte, in denen die Knollen ihre Form behalten sollen. **Vorwiegend festkochende** Sorten sind als Allrounder im Supermarkt auf dem Vormarsch. Etwas stärkehaltiger und lockerer als die festkochenden, aber nicht mehlig, lassen sie sich für fast alle Zwecke verwenden. Meist beschränkt sich beim Einkauf die Wahlfreiheit auf diese drei Kartoffel-Kategorien, denn zumindest im Supermarkt wird selten mehr als je eine **Sorte** angeboten. Wenn Sie aber das Glück haben, auf dem Markt eine größere Vielfalt zu finden: Lassen Sie sich beraten! Gerade regionale oder alte Sorten lohnen das Ausprobieren.

Ein besonderer Genuss sind **neue Kartoffeln,** die ab Frühsommer auf den Markt kommen. Sie sind immer festkochend, denn sie hatten noch keine Zeit, einen höheren Stärkegehalt auszubilden. Ihre dünne Schale schmeckt noch nicht so erdig wie die der Lagerkartoffeln und lässt sich daher gut mitessen. Umso besser – denn eines sind junge Kartoffeln bestimmt nicht: leicht zu pellen!

Überhaupt, die **Schale:** mitessen oder nicht? »Geschmackssache« lautet das salomonische Urteil. Sieht sie dunkelbraun und runzlig aus, dann ist sie vermutlich kein Genuss. Es soll aber auch Leute geben, die genau diesen herben Geschmack lieben. Deshalb die Kartoffeln am besten ungepellt auftragen, dann kann jeder sie so essen, wie er es am liebsten mag. Wer dünnschalige Knollen »mit allem Drum und Dran« verzehren möchte, kann einen Esslöffel **Kümmelsamen** oder zwei **Lorbeerblätter** mit ins Kochwasser geben. Das sorgt für einen besonders würzigen Geschmack.

Und wie lässt sich feststellen, ob die Kartoffeln gar sind? Dazu nach 15 bis 20 Minuten Garzeit mit einem Messer in eine Knolle stechen (am besten in die größte im Topf). Gleitet die Klinge ohne jeden Widerstand bis zur Mitte, dann können die Kartoffeln abgegossen und aufgetragen werden. Aber Achtung: Verwenden Sie für diese **Garprobe** nicht ausgerechnet Ihr allerschärfstes Messer, sonst könnte es sein, dass die Klinge allzu leicht durch das Fruchtfleisch dringt und Sie den noch rohen Kern nicht spüren. Damit alle Kartoffeln ungefähr gleichzeitig gar sind, verwenden Sie möglichst gleich große Knollen. Zur Not können Sie sehr große auch halbieren.

Noch ein Wort zum **Quark:** Der supercremige Sahnequark (40 % Fett) ist leider auch ganz schön gehaltvoll. Ein guter Kompromiss ist eine Mischung aus 1/3 Sahne- und 2/3 Magerquark.

Kartoffelsorten im Überblick:
***1:** Laura, **2:** Solara, **3:** La Ratte, **4:** Galatina, **5:** Linda, **6:** Bamberger Hörnchen,*
***7:** Rosara, **8:** Aula, **9:** Sieglinde, **10:** Belana, **11:** Trüffelkartoffel, **12:** Charlotte*

Eier in Senfsauce

mit Kartoffelpüree

Dieses Gericht liebten wir schon als Kinder – vielleicht nicht ganz aus den gleichen Gründen wie heute. Gab es nämlich früher nichts Schöneres, als die Senfsauce mit Kartoffelbreidämmen und -gräben über den Teller zu leiten, so mögen wir jetzt eher die wunderbar cremig-senfwürzige Geschmackskombination.

Für die Senfsauce:
3 EL Butter
2 gestrichene EL Mehl
125 ml Milch
250 ml Fleischbrühe
2–3 EL Dijonsenf
Salz · Pfeffer
1 Msp. gemahlener Piment

Für das Kartoffelpüree:
1 kg mehligkochende Kartoffeln
250 ml Milch
2 EL Butter · Salz
frisch geriebene Muskatnuss

Für die wachsweichen Eier:
8 sehr frische Eier

Außerdem:
1 Kästchen Kresse

Für 4 Portionen · Pro Portion ca. 550 kcal
1 Std. 15 Min. Zubereitung

1. Für die Senfsauce die Butter in einem Topf schmelzen lassen. Das Mehl dazugeben und hell anschwitzen. Mit kalter Milch ablöschen, dabei ständig mit dem Schneebesen rühren, um Klümpchen zu vermeiden. Die Fleischbrühe dazugießen, alles aufkochen. Ca. 5 Min. kräftig kochen lassen, dabei ab und zu umrühren. Den Topf vom Herd nehmen, den Senf unterrühren und die Sauce mit Salz, Pfeffer und Piment abschmecken. Beiseitestellen.

2. Für das Kartoffelpüree die Kartoffeln schälen und in grobe Stücke schneiden. In einen Topf geben, mit Wasser bedecken und aufkochen. Bei mittlerer Hitze mit leicht geöffnetem Topfdeckel in ca. 15 Min. weich kochen. Die Milch erhitzen. Die gegarten Kartoffeln abgießen, heiß durch eine Kartoffelpresse drücken oder mit dem Kartoffelstampfer fein zerdrücken. Heiße Milch und Butter unterrühren und das Püree mit Salz und Muskatnuss abschmecken. Abgedeckt warm stellen.

3. Für die Eier Wasser in einem kleinen Topf aufkochen. Die Eier an der runden Seite anpiksen (das verhindert, dass die Schale platzt) und im siedenden Wasser bei kleiner Hitze 5–6 Min. kochen. Kurz vor dem Anrichten die Sauce unter Rühren erwärmen, das Püree unter Rühren erhitzen. Die Eier herausnehmen, kurz kalt abschrecken und pellen. Halbieren und mit Püree und Sauce auf Tellern anrichten. Die Kresse vom Beet schneiden und das Gericht damit bestreuen.

Küchenpraxistipp

Achten Sie darauf, **sehr frische Eier** zu verwenden, da sie nicht vollständig durchgegart werden. Ab dem 3. Tag nach dem Legen (Mindesthaltbarkeitsdatum minus 28 Tage) schmecken Eier am besten.

Bild links:
Eier in Senfsauce mit Kartoffelpüree

Bild oben:
Werden die Kartoffeln durch die Presse gedrückt, so wird das Püree besonders fein.

Bild unten:
Greifen Sie zu, wenn Sie frischen jungen Spinat im Laden entdecken.

Fein zu Püree und Ei: Rahmspinat

1 kg frischen Spinat putzen, ohne Stiele gründlich waschen, trocken schleudern und klein hacken. In 1 EL Butter 5 Min. andünsten. 1 gehäuften EL Mehl darüberstäuben, unterrühren, 200 g Sahne dazugießen. Aufkochen und ca. 5 Min. unter Rühren kochen lassen. Salzen, pfeffern und mit Muskatnuss abschmecken.

Béchamel-kartoffeln

Dieser schicke Name für das Gericht stand früher höchstens in Mutters blauem Kochbuch. Sonst hieß es Soßkartoffeln. Fertig. Und Soßkartoffeln schmecken heute genauso heimelig wie damals, als sie mit der Kelle aus dem großen Topf geschöpft wurden.

1 kg festkochende Kartoffeln
1 Zwiebel
2 EL Butter
2 EL Mehl
500 ml Milch
100 g Sahne
Salz · Pfeffer
frisch geriebene Muskatnuss

Für 4 Portionen · Pro Portion ca. 350 kcal · 40 Min. Zubereitung

1. Die Kartoffeln mit Schale in Wasser in ca. 20 Min. gar kochen. Inzwischen die Zwiebel schälen und fein würfeln. Die Kartoffeln abgießen, kalt abschrecken, pellen und in 1/2 cm dicke Scheiben schneiden.

2. Die Butter in einem Topf erhitzen und die Zwiebelwürfel 1–2 Min. darin andünsten. Das Mehl darüberstäuben und goldgelb anschwitzen. Kalte Milch unter Rühren dazugießen und einmal aufkochen. Sahne und Kartoffelscheiben zugeben und ca. 3 Min. erhitzen. Mit Salz, Pfeffer und Muskatnuss würzen.

Variante mit Speck

Wenn Sie es gerne herzhafter mögen, schwitzen Sie zusammen mit den Zwiebelwürfeln 80 g magere Speckwürfel (ohne Schwarte) an. Auf diese Weise werden die Béchamelkartoffeln von der Beilage zum kleinen Hauptgericht. Ein grüner Salat dazu – fertig!

Kartoffelpuffer

Kartoffelpuffer, Reibekuchen, Rievkooche, Reiberdatschi: Beinahe in jeder Ecke Deutschlands haben die knusprigen Kartoffelplätzchen einen eigenen Kosenamen – ein Zeichen dafür, wie beliebt sie sind. Zu Recht, wie spätestens dieses Rezept beweist!

1 kg Kartoffeln (mehligkochende oder vorwiegend festkochende)
1 Ei (Größe M)
Salz · Pfeffer
Butterschmalz zum Braten

Für 4 Portionen · Pro Portion ca. 270 kcal · 30 Min. Zubereitung

1. Die Kartoffeln schälen und auf der Haushaltsreibe grob raffeln. Die Raspel zwischen den Händen so gut wie möglich ausdrücken. Mit dem Ei vermischen und mit Salz und Pfeffer würzen.

2. Je 1–2 EL Butterschmalz in einer weiten Pfanne erhitzen, mit einem Esslöffel kleine Häufchen Kartoffelmasse hineinsetzen, etwas flach drücken und in ca. 1 Min. goldgelb anbraten. Wenden und von der zweiten Seite ebenfalls goldgelb braten. Herausnehmen und auf Küchenpapier entfetten. Die übrige Kartoffelmasse auf die gleiche Weise verarbeiten.

Kartoffelpuffertipps

Wer gerne Herzhaftes mit Süßem kombiniert, findet auf Seite 140 ein Rezept für **Apfelmus.**
Für besonders würzige Kartoffelpuffer reiben Sie zusätzlich zu den Kartoffeln 1 **Zwiebel** mit unter den Teig.

Kartoffelklöße

halb und halb

Über nichts fließt Bratensauce leckerer als über Klöße, so lautet eine anerkannte Weisheit der Sonntagstafel. Eine weitere: Von Klößen und Sauce kocht man am besten gleich die doppelte Portion!

1 kg mehligkochende Kartoffeln
2 Scheiben Toastbrot
2 EL Butter
1 Ei (Größe M)
1 EL Mehl
3 gestrichene EL Speisestärke
Salz
frisch geriebene Muskatnuss

Für 4 Portionen · Pro Portion ca. 250 kcal
1 Std. 15 Min. Zubereitung

1. Die Hälfte der Kartoffeln abbürsten und mit Schale in Wasser in ca. 20 Min. gar kochen. Für die gerösteten Brotwürfel das Toastbrot in zentimetergroße Würfel schneiden. In einer Pfanne die Butter aufschäumen lassen, die Brotwürfel hineingeben und unter Wenden in 1–2 Min. knusprig braun braten. Herausnehmen und beiseitestellen.

2. Die andere Hälfte der Kartoffeln schälen, mittelfein reiben und in ein Küchentuch geben. Die Enden des Tuchs zusammendrehen und die Kartoffelraspel sehr kräftig ausdrücken, sodass so viel Flüssigkeit wie möglich herausläuft und die geriebenen Kartoffeln fast trocken sind. In eine Schüssel geben. Die gekochten Kartoffeln abgießen, kurz abschrecken, pellen und zu den rohen Raspeln in die Schüssel reiben (oder durch eine Kartoffelpresse drücken). Ei, Mehl, Speisestärke, 1/2 TL Salz und Muskatnuss dazugeben. Mit den Händen zu einem glatten Kartoffelteig verkneten und nachwürzen, falls nötig.

3. Reichlich Salzwasser in einem großen, möglichst weiten Topf aufkochen. Aus dem Kartoffelteig mit angefeuchteten Händen etwa tischtennisballgroße Klöße formen. Eine Mulde hineindrücken, je 4 Brotwürfel hineingeben und den Kartoffelteig wieder darüber verschließen. Die Klöße in das kochende Salzwasser geben und bei kleiner Hitze in ca. 20 Min. gar ziehen lassen. Zum Servieren die Klöße mit einer Schaumkelle aus dem Topf heben und gut abtropfen lassen.

Serviertipp

Legen Sie auf den Boden einer **vorgewärmten Schüssel** einen umgedrehten Teller, bevor Sie die Klöße darin servieren. So kann das restliche Kochwasser ablaufen, ohne dass die Klöße in der Feuchtigkeit liegen und matschig werden.

Die Kunst des Knödelns

*Rund ist es, das Kloßuniversum. Das steht fest.
Aber was darinnen rollt, ist so vielfältig, dass man ziemlich häufig
Braten mit reichlich Sauce auf den Tisch bringen kann,
ohne zweimal die gleichen Klöße oder Knödel dazu zu servieren.
Wobei es natürlich erlaubt ist, die Lieblingsknödel
häufiger zu kochen …*

Viele Benimmregeln haben sich im Lauf der Zeit geändert. Zum sonntäglichen Mittagessen im Kreis der Familie muss heute niemand mehr mit Krawatte oder Seidenbluse erscheinen. Ob die Dame auf der Treppe dem Herrn voraus- oder hinterhergeht und ob es dabei eine Rolle spielt, wie kurz ihr Rock ist, dürfte kaum noch jemanden beschäftigen. Aber eines gilt nach wie vor: Knödel schneidet man nicht mit dem Messer. Weniger deshalb, weil eine Zuwiderhandlung als gesellschaftlicher Fauxpas gilt. Sondern deshalb, weil sie einfach viel mehr Sauce aufnehmen, wenn sie mit der Gabel gefühlvoll zerpflückt werden. Und was wäre die Daseinsberechtigung eines Kloßes, wenn nicht das Saucensaugen?

Roh, gekocht und alles dazwischen

Dafür, dass sie diese Aufgabe richtig erfüllen, sorgt die in ihnen enthaltene Stärke. Und die kommt bei den häufigsten Vertretern ihrer Art von der Kartoffel. Nicht von irgendeiner – eine mehligkochende Sorte muss es schon sein, wenn der Kloß nicht im Kochwasser zerfallen soll. Weniger Einigkeit herrscht dagegen über das Mischungsverhältnis von rohen und gekochten Kartoffeln: Nur aus gekochten Kartoffeln werden seidene Klöße hergestellt, deren glatte Oberfläche ihnen den Namen gab. Thüringer Klöße besitzen einen hohen Anteil an roh geriebenen Kartoffeln. Und dazwischen ist jedes Mischungsverhältnis möglich – je nach Region, je nach Dorf, je nach Familie ein anderes. Unser Kloßrezept hält die goldene Mitte – was sich hier nicht auf die Füllung aus goldgelben Brotwürfeln bezieht, sondern auf das diplomatische 50:50-Verhältnis von rohen zu gekochten Kartoffeln.
Ein paar Kartoffelknödel-Weisheiten gelten aber für alle Kreaturen des Knödeluniversums. Ganz gleich, ob Sie sie nach unserem oder einem Familienrezept kochen: Formen Sie immer zuerst einen kleinen Probekloß und garen Sie ihn, um zu sehen, ob er zerfällt. Tut er das, darf noch Stärke (Speisestärke oder Mehl) an die Kloßmasse. Selbst wenn Sie das gleiche Rezept zum zweiten, dritten oder vierten Mal machen – probeknödeln Sie trotzdem jedes Mal. Kartoffeln können unterschiedlich stärkehaltig sein, sich mal gut, mal weniger gut ausdrücken lassen – es gibt sogar Thüringer Hausfrauen, die schwören, dass die Konsistenz des Kloßteigs wetterabhängig ist. Und diesen Expertinnen sollte man Glauben schenken.
Die zweite allgemein gültige Weisheit: Klöße wollen in viel Wasser schwimmen. Und das soll nur leicht sieden, auf keinen Fall sprudelnd kochen.

Südliche Verwandtschaft: Semmelknödel

Beide Weisheiten gelten übrigens auch für den Semmelknödel, der ansonsten mit Kartoffelklößen nur die Form gemeinsam hat – und die Funktion, die leckere Sauce aufzusaugen. In seinem Fall häufig die zum Schweinsbraten. Wenn man gleich mehr Knödel macht, als man für den Braten braucht, dann gibt es am nächsten Tag deftiges Knödelgröstel: in Scheiben geschnittene Semmelknödel, die in der Pfanne in Butter knusprig gebraten werden; je nach Vorliebe zusammen mit zuvor ausgelassenen Speckwürfeln, klein gewürfelter Zwiebel oder verquirlten und darübergegossenen Eiern. Dieses Rezept ist darauf ausgelegt, dass genügend Reste übrig bleiben:
8 Brötchen vom Vortag mit dem Messer in feine Scheiben oder kleine Würfel schneiden. Mit 500 ml warmer Milch übergießen und abgedeckt 15 Min. einweichen. 2 Zwiebeln schälen und klein würfeln, in 1 TL Butter glasig dünsten. 2 Bund Petersilie waschen, trocken schütteln und die Blättchen fein hacken. In einer Schüssel mit der Brötchenmasse, den Zwiebelwürfeln und 2 Eiern mischen und mit Salz und Pfeffer würzig abschmecken. Reichlich Salzwasser in einem großen Topf aufkochen. Mit nassen Händen einen kleinen Knödel formen, ins Wasser geben und bei kleiner Hitze kurz ziehen lassen. Zerfällt er, noch etwas Mehl zur Knödelmasse geben. Mit feuchten Händen Knödel formen und portionsweise im leicht siedenden Wasser bei kleiner Hitze 15–20 Min. garen. Mit dem Schaumlöffel herausheben und vor dem Servieren gut abtropfen lassen.

Spargel
mit Sauce hollandaise

*Spargel-Sushi, Spargel-Tempura, Wokgerichte mit Spargel:
Was haben wir im Laufe der Zeit nicht alles mit den geliebten Stangen ausprobiert!
Zeit, wieder zu den Wurzeln zurückzukehren. Nicht umsonst
hat sich die Kombination mit Sauce hollandaise über alle Küchentrends hinweg erhalten.*

Für den Spargel:
2 kg weißer oder violetter Spargel
Salz
1 TL Zucker
1 EL Butter

Für die Sauce hollandaise:
150 g Butter
3 sehr frische Eigelbe
5 EL Weißwein
2–3 EL Zitronensaft
Salz · weißer Pfeffer

Zum Servieren:
1/2 Bund Kerbel (nach Belieben)

Für 4 Portionen · Pro Portion ca. 425 kcal · 45 Min. Zubereitung

1. Die holzigen Enden des Spargels großzügig abschneiden und die Spargelstangen schälen. Spargelschalen und -enden in einen weiten Topf geben und knapp mit Wasser bedecken. Aufkochen und bei kleiner Hitze ca. 10 Min. kochen lassen. Spargelschalen und -enden mit einer Schaumkelle herausnehmen, abtropfen lassen und wegwerfen. Die Spargelstangen im Spargelsud mit 1 TL Salz, Zucker und Butter in 10–14 Min. gar kochen. Sie sind fertig, wenn sie sich beim Hineinstechen weich anfühlen.

2. In der Zwischenzeit den Kerbel (falls verwendet) waschen, trocken schütteln, die Blättchen abzupfen und hacken. Für die Sauce hollandaise die Butter bei kleiner Hitze zerlassen. Den weißen Schaum abschöpfen. Eigelbe und Weißwein in eine Edelstahl-Rührschüssel geben. Über einem heißen Wasserbad mit einem Schneebesen sehr schaumig schlagen. Die flüssige Butter anfangs tropfenweise, nach und nach in dünnem Strahl unterschlagen. Den Zitronensaft unterrühren und die Sauce mit Salz und Pfeffer abschmecken.

3. Den Spargel mit einer Schaumkelle aus dem Sud nehmen und gut abtropfen lassen. Mit Sauce und Kerbel anrichten. Dazu passen Salzkartoffeln oder dünne Pfannkuchen (Flädle; siehe Seite 13).

Schlicht und fein: Nussbutter

Nicht immer muss es zum Spargel eine aufwendige Sauce sein. Für Nussbutter 125 g Butter in einem kleinen Topf bei mittlerer Hitze schmelzen lassen. Ca. 5 Min. erhitzen. Sobald die Butter leicht bräunt und nussig riecht, den Topf vom Herd nehmen und den Spargel mit der Butter übergießen.

Bild links:
Spargel mit Sauce hollandaise

Bild oben:
Achten Sie beim Spargelschälen darauf, alle holzigen Stellen zu entfernen.
Bild unten:
Die Sauce hollandaise wird über dem Wasserbad gerührt.

Küchenpraxistipp

Und wie geht das mit dem **Wasserbad** jetzt noch mal genau? Sie brauchen dafür einen kleinen Topf und eine Schüssel, die Sie so auf den Topf setzen können, dass sie den Boden nicht berührt. Das kann eine Rührschüssel aus Edelstahl sein, aber eine Glas- oder Keramikschüssel geht auch. Im Topf wird nun so viel Wasser erhitzt, dass die hineingehängte Schüssel im Dampf, aber nicht im Wasser hängt. Voilà – nun können Sie die Hollandaise »über dem Wasserbad« schlagen.

Kohlrabi

mit Sahnesauce

Auch wenn wir längst aus der Phase herausgewachsen sind, als Gemüse uns noch mit viel Sauce schmackhaft gemacht werden musste: Die Kombination von cremig und gemüsefrisch ist auch heute noch verführerisch.

3 mittelgroße Kohlrabi (ca. 700 g)
1 kleine Zwiebel
2 EL Butter
400 ml Gemüsebrühe
1 Lorbeerblatt
200 g Sahne
1–2 EL Speisestärke
Salz · Pfeffer
frisch geriebene Muskatnuss
1/2 Bund Petersilie

Für 4 Portionen · Pro Portion ca. 245 kcal · 35 Min. Zubereitung

1. Die Kohlrabi schälen und dabei alle holzigen Stellen wegschneiden. Die ganz kleinen Kohlrabiblättchen waschen und beiseitelegen. Kohlrabi in dünne Spalten schneiden. Die Zwiebel schälen und fein würfeln. In einem Topf die Butter schmelzen lassen und die Zwiebelwürfel darin in ca. 2 Min. bei kleiner Hitze glasig dünsten. Kohlrabi, Gemüsebrühe und Lorbeerblatt dazugeben und alles aufkochen. Den Kohlrabi im geschlossenen Topf in ca. 10 Min. bissfest kochen.

2. Die Sahne dazugießen und erhitzen. Die Stärke mit 2–3 EL Wasser glatt verquirlen und in die kochende Flüssigkeit einrühren. Die Sauce einmal aufkochen, bis sie andickt. Mit Salz, Pfeffer und Muskatnuss abschmecken. Petersilie waschen, trocken schütteln, die Blättchen mit den Kohlrabiblättchen fein hacken und darüberstreuen.

Einkaufstipp

»Nimm kleine Kohlrabi, die sind zarter«, empfahl Mutter. Stimmt – mit einer Ausnahme: Kohlrabi der Sorte **Superschmelz** werden rekordverdächtig groß, aber dabei nicht holzig.

Blumenkohl

polnische Art

Blumenkohl mit Sonntag: So wurde dieses Gericht früher genannt. Sonntag, das waren die Knusperbrösel, das Beste am weißen Gemüse. Der Parmesan ist zwar neu dabei, gibt aber einen schön vollen Geschmack.

2 Eier
1 Blumenkohl (ca. 1 kg)
Salz
2 EL Zitronensaft
1 Bund Petersilie
40 g Parmesan
6 EL Butter
50 g geriebenes Weißbrot oder Semmelbrösel
1 TL abgeriebene Schale von 1 Bio-Zitrone

Für 4 Portionen · Pro Portion ca. 275 kcal · 50 Min. Zubereitung

1. Die Eier an der stumpfen Seite anpiksen und in kochendem Wasser in ca. 10 Min. hart kochen. Kalt abschrecken, pellen und abkühlen lassen. Vom Blumenkohl Blätter und Strunk abschneiden. Den Kopf in Röschen teilen, diese in ein Sieb geben und gründlich waschen. In einem mittleren Topf reichlich Wasser mit 1 EL Salz und Zitronensaft aufkochen, die Blumenkohlröschen hineingeben und in ca. 10 Min. bissfest kochen.

2. Inzwischen die Petersilie waschen, trocken schütteln und die Blättchen fein hacken. Den Käse reiben. Die Butter in einer weiten Pfanne aufschäumen lassen, geriebenes Weißbrot oder Semmelbrösel hineingeben und unter Rühren kurz goldbraun rösten. Die Eier fein hacken und mit den Bröseln mischen.

3. Den Blumenkohl mit einer Schaumkelle aus dem Kochwasser heben, gut abtropfen lassen und auf einer (möglichst vorgewärmten) Platte anrichten. Mit Petersilie, Zitronenschale und Käse bestreuen und die heiße Ei-Brösel-Mischung darübergeben. Gleich servieren.

Linsen und Spätzle

»Mit Spätzle?!« Nicht-Schwaben runzeln angesichts dieser Kombination schon mal fragend die Stirn. Worüber die Schwaben wiederum die Achseln zucken. Was so gut schmeckt und eine so lange Tradition hat, braucht keinerlei Rechtfertigung.

Für die Linsen:
1 Zwiebel
2 EL Butter
250 g braune Linsen
200 g magerer geräucherter Bauchspeck am Stück
1 Lorbeerblatt
1 Stange Lauch
150 g Knollensellerie
2 Möhren
2 EL Mehl
4–6 EL Rotweinessig
Salz · Pfeffer

Für die Spätzle:
250 g Mehl
2 TL neutrales Pflanzenöl
Salz
2 Eier (Größe M)

Außerdem:
1/2 Bund Petersilie
4 Wiener Würstchen

Für 4 Portionen · Pro Portion ca. 1070 kcal
1 Std. 45 Min. Zubereitung

1. Für die Linsen die Zwiebel schälen und fein würfeln. Die Butter in einem großen Topf erhitzen, die Zwiebelwürfel darin glasig dünsten. Linsen kurz in kaltem Wasser waschen, auf einem Sieb abtropfen lassen und dazugeben. Mit so viel Wasser aufgießen, dass sie bedeckt sind. Speck und Lorbeerblatt dazugeben, aufkochen und bei kleiner Hitze 20 Min. leise köcheln lassen.

2. In der Zwischenzeit den Lauch putzen, der Länge nach aufschlitzen, gründlich waschen und in schmale Ringe schneiden. Sellerie und Möhren schälen und in kleine Würfel schneiden. Lauch, Sellerie und Möhren zu den Linsen geben und weitere 15–20 Min. köcheln lassen. Am Ende der Garzeit 2 EL Mehl mit etwas Wasser verrühren und das Linsengemüse damit binden. Mit Essig, Salz und Pfeffer kräftig säuerlich abschmecken.

3. Inzwischen in einem großen Topf reichlich Salzwasser aufkochen. Für die Spätzle Mehl, Öl, 1 TL Salz, Eier und ca. 125 ml lauwarmes Wasser in eine Rührschüssel geben und mit einem Holzlöffel oder mit den Knethaken des Handrührers kräftig verrühren. So lange schlagen, bis der Teig Blasen wirft. Den Teig portionsweise in eine Spätzlepresse geben und in das kochende Wasser drücken. Sobald die Spätzle an die Oberfläche steigen, mit einer Schaumkelle herausnehmen, auf ein Sieb geben und kalt abspülen. Abtropfen lassen, in eine Schüssel geben, mit etwas Wasser besprenkeln und im Backofen bei 50° abgedeckt warm halten. So fortfahren, bis der ganze Teig aufgebraucht ist.

4. Die Petersilie waschen, trocken schütteln, die Blättchen fein hacken und unter die Linsen rühren. Die Wiener Würstchen in heißem, aber nicht kochendem Wasser ca. 5 Min. erhitzen. Herausnehmen, abtropfen lassen und zu den Linsen und Spätzle servieren.

Grünkohl

mit Speck

Als letztes Wintergemüse steht der Grünkohl noch auf den Feldern. Erst wenn der Frost die dunkelgrünen, gekräuselten Blätter mit seinem weißen Reif überzogen hat, wird er geerntet. Dann beginnt die Zeit deftiger Gerichte, die von innen wärmen.

Salz · 600 g Grünkohl
120 g durchwachsener Speck
1 Zwiebel
3 EL Schweineschmalz
200 ml Gemüsebrühe
Pfeffer
1 TL Zucker

Für 4 Portionen · Pro Portion ca. 310 kcal · 50 Min. Zubereitung

1. Reichlich Salzwasser in einem großen Topf aufkochen. Den Grünkohl putzen, gründlich waschen und abtropfen lassen. In das kochende Salzwasser geben und ca. 3 Min. kochen lassen. In ein Sieb abgießen und kalt abspülen. Grünkohl ausdrücken und grob hacken.

2. Den Speck ohne die Schwarte in kleine Würfel schneiden, die Zwiebel schälen und ebenfalls fein würfeln. Schweineschmalz in einer weiten Pfanne erhitzen, Speck- und Zwiebelwürfel darin ca. 5 Min. andünsten. Grünkohl und Gemüsebrühe dazugeben und alles ca. 20 Min. abgedeckt schmoren. Den Grünkohl mit Salz, Pfeffer und Zucker abschmecken.

Beilagentipp

In Norddeutschland serviert man den Grünkohl traditionell mit Kasseler, Kochwürsten (Pinkel oder Mettwürstchen) und Bauchfleisch. Als Beilage gibt es **süße Kartoffeln:** 800 g Pellkartoffeln pellen, mit 100 g flüssiger Butter übergießen und mit 2 EL Zucker bestreut im Backofen bei 200° (Umluft 180°) in 40 Min. knusprig backen.

Geschmorter

Rotkohl

Weihnachtliche Gewürze verströmen ihren Duft, wenn der Rotkohl kocht. Apfel und Johannisbeergelee verleihen ihm Süße. Die prächtige Farbe aber, die ist der ureigene Beitrag des Rotkohls zu winterlichen Festgerichten.

1 Zwiebel
1 Kopf Rotkohl (ca. 1,2 kg)
3 EL Butter- oder Gänseschmalz
125 ml Rotweinessig
500 ml Apfelsaft
1 Zimtstange
2 Lorbeerblätter
10 Pimentkörner
5 Gewürznelken
1 TL Koriandersamen
1 TL Pfefferkörner
1 großer Apfel (z. B. Boskop)
250 g rotes Johannisbeergelee (wer es weniger süß mag: 150 g)
1–2 EL Speisestärke (nach Belieben)
Salz · Pfeffer

Für 6 Portionen · Pro Portion ca. 235 kcal
50 Min. Zubereitung · 2 Std. Garen

1. Die Zwiebel schälen und fein würfeln. Vom Rotkohl die äußeren Blätter entfernen, den Kohlkopf vierteln und den Strunk herausschneiden. Rotkohl quer zur Rippe in feine Streifen schneiden. Das Schmalz in einem großen Topf erhitzen. Die Zwiebelwürfel darin glasig dünsten, Rotkohl hinzufügen und unter Rühren ca. 5 Min. andünsten. Essig, Apfelsaft und so viel Wasser angießen, dass der Rotkohl eben bedeckt ist. Alles einmal aufkochen.

2. Den Rotkohl bei mittlerer Hitze im geschlossenen Topf ca. 2 Std. schmoren, dabei ab und zu umrühren und evtl. etwas Wasser nachgießen. Nach 1,5 Std. die Gewürze im Mörser grob zerstoßen und in einem zugeknoteten Mulltuch oder einem Tee-Ei mit in den Topf geben. Apfel schälen, vierteln, entkernen und in dünne Scheibchen schneiden. Mit dem Gelee zum Rotkohl geben und weitere 20–30 Min. offen kräftig kochen lassen. Wer den Rotkohl sehr sämig mag, rührt die Speisestärke mit Wasser an und gibt sie nun dazu. Die Gewürze herausnehmen und den Rotkohl mit Salz und Pfeffer abschmecken.

HABOSO
SOLINGEN
ROSTFREI

Zwiebelkuchen

Wenn im Herbst die Stunde des jungen Weins schlägt, dann ist die Zeit, einen Zwiebelkuchen zu backen, Freunde einzuladen und mit Federweißem einen ganz persönlichen Erntedank zu feiern.

Für den Teig:
200 ml Milch
400 g Mehl (Type 550)
1/2 Würfel Hefe (ca. 20 g)
1 TL Zucker
60 g weiche Butter
1 Ei (Größe M)
Salz

Für den Belag:
1,5 kg Zwiebeln
150 g durchwachsener Speck
4 EL Butter
Salz · Pfeffer
2–3 TL Kümmelsamen
4 Eier
500 g saure Sahne

Außerdem:
Mehl zum Verarbeiten
Fett für die Fettpfanne
Backpapier zum Abdecken

Für 1 Blech (6 Portionen als Hauptmahlzeit, 8 als Snack)
Bei 8 Portionen pro Portion ca. 575 kcal
1 Std. 15 Min. Zubereitung · 40 Min. Backen

1. Für den Teig die Milch lauwarm erhitzen. Das Mehl in eine Schüssel geben, in die Mitte eine Mulde drücken. Die Hefe hineinbröckeln, mit etwas lauwarmer Milch, dem Zucker und etwas Mehl vom Rand verrühren. Den Vorteig zugedeckt an einem warmen Ort 15 Min. gehen lassen.

2. Übrige lauwarme Milch, weiche Butter in Flöckchen, das Ei und 1 TL Salz zum Vorteig geben. Zunächst mit den Knethaken des Handrührers, dann mit den Händen zu einem glatten Teig verkneten. Den Teig kräftig kneten, bis er Blasen wirft und sich vom Schüsselrand löst. Weitere 25 Min. zugedeckt an einem warmen Ort gehen lassen.

3. Inzwischen für den Belag die Zwiebeln schälen und in dünne Ringe schneiden. Den Speck ohne die Schwarte in kleine Würfel schneiden. Die Butter in einem großen Topf erhitzen, Speck und Zwiebeln hineingeben und ca. 10 Min. andünsten, dabei zwischendurch einige Male umrühren. Mit Salz, Pfeffer und Kümmel abschmecken und etwas abkühlen lassen. Eier und saure Sahne verquirlen, mit Salz und Pfeffer würzen und unter die Zwiebel-Speck-Mischung rühren.

4. Den Backofen auf 200° (Umluft 180°) vorheizen. Die Fettpfanne des Backofens einfetten. Den gegangenen Teig kräftig durchkneten. Auf etwas Mehl in Größe der Fettpfanne ausrollen und die Fettpfanne damit auslegen, dabei einen kleinen Rand formen. Die Füllung darauf verteilen. Im Ofen (unten) in 35–40 Min. goldgelb backen. Falls der Kuchen zu stark bräunt, nach 20 Min. mit Backpapier abdecken.

Küchenpraxistipp

Weniger Tränen gibt's beim **Zwiebelschneiden,** wenn die Zwiebeln vor dem Schälen kurz mit kochendem Wasser überbrüht werden.

Krautsalat

Zarte Rücksichtnahme ist bei Weißkohl fehl am Platze. Wer ihn mit Salz ordentlich durchknetet, der darf sich über einen saftigen Salat freuen – und dürfte ihn vermutlich auch besser vertragen.

500 g Weißkohl · Salz
150 g Möhren
1 Zwiebel
3 EL Weißweinessig
Pfeffer
1 TL Zucker
2 TL mittelscharfer Senf
4 EL neutrales Pflanzenöl
2 TL Kümmelsamen
1 Bund Petersilie

Für 4 Portionen · Pro Portion ca. 155 kcal
50 Min. Zubereitung · 1 Std. Durchziehen

1. Die äußeren Blätter des Weißkohls entfernen. Den Kopf vierteln, den Strunk entfernen und den Kohl in ganz feine Streifen schneiden. In eine Schüssel geben, mit 1 TL Salz bestreuen und mit den Händen kräftig durchkneten. 30 Min. ziehen lassen.

2. Inzwischen die Möhren putzen, schälen und grob raspeln. Die Zwiebel schälen und fein hacken. Essig, 1 Prise Salz, Pfeffer, Zucker und Senf verrühren, das Öl unterschlagen. Den Kümmel unterrühren. Den Weißkohl in einem Sieb abtropfen lassen. In einer Schüssel mit Möhren, Zwiebel und Sauce mischen, weitere 30 Min. ziehen lassen. Vor dem Servieren erneut mit den Gewürzen abschmecken. Petersilie waschen und trocknen, die Blättchen hacken und untermischen.

Deftige Variante

100 g durchwachsene **Speckwürfel** auslassen, 1 gewürfelte Zwiebel dazugeben und 2 Min. mit anschwitzen. Mit der Marinade unter den Kohl (ohne Möhren) mischen und mind. 30 Min. ziehen lassen.

Pilzpfanne

Eine magische Verwandlung geht mit Pilzen vor, sobald sie auf eine heiße Pfanne treffen: Unglaublich, wie die unscheinbaren Gesellen plötzlich duften – und erst schmecken!

800 g gemischte Pilze (nach Möglichkeit Zucht- und Waldpilze gemischt, z. B. Champignons, Pfifferlinge und Steinpilze)
1 kleine Zwiebel
1/2 Bund Frühlingszwiebeln
1 Bund Petersilie
3 EL neutrales Pflanzenöl
2 EL Butter
Salz · Pfeffer

Für 4 Portionen · Pro Portion ca. 150 kcal · 30 Min. Zubereitung

1. Die Pilze putzen und trocken abreiben, möglichst nicht waschen. Je nach Größe halbieren oder vierteln. Die Zwiebel schälen, halbieren und in feine Streifen schneiden. Die Frühlingszwiebeln waschen, putzen, Weißes und Grünes getrennt in Röllchen schneiden. Petersilie waschen und trocknen, die Blättchen fein hacken.

2. In einer weiten Pfanne Öl und Butter erhitzen. Die Pilze hineingeben und bei großer Hitze ca. 5 Min. kräftig anbraten, dabei nur wenig umrühren. Salzen und pfeffern. Zwiebel und das Weiße der Frühlingszwiebeln hineingeben und 2–3 Min. mit anbraten. Die grünen Frühlingszwiebelröllchen und die Petersilie unterrühren. Mit Salz und Pfeffer abschmecken.

Beilagentipp

Sehr fein: Pilzpfanne als Füllung für **Omelettes.** Dafür 8 Eier mit Salz verquirlen. In einer beschichteten Pfanne mit passendem Deckel 1 TL Butter erhitzen, 1/4 der Eimasse hineingeben. Bei kleiner Hitze geschlossen ca. 8 Min. stocken lassen, bis die Oberfläche fest wird. Sofort mit den Pilzen servieren. Restliche Omelettes ebenso backen.

Schupfnudeln

mit Sauerkraut

Exil-Schwaben finden die »Bubespitzle« inzwischen auch fertig in Supermarkt-Kühlregalen. Aber die selbst gemachten sind nicht nur unvergleichlich viel besser – sie zwischen den Handflächen zu formen macht auch einfach Spaß.

Für das Sauerkraut:
80 g durchwachsener Speck
1 Zwiebel
1 EL neutrales Pflanzenöl
800 g Sauerkraut
100 ml Weißwein
100 ml Apfelsaft
100 ml Brühe
5 Wacholderbeeren
1 Lorbeerblatt
1 Gewürznelke
1–2 TL Kümmelsamen (nach Belieben)
1–2 Prisen Zucker
Salz · Pfeffer

Für die Schupfnudeln:
500 g mehligkochende Kartoffeln
4 Eigelbe (Größe M)
1 EL Speisestärke
100 g Mehl
Salz · Pfeffer
frisch geriebene Muskatnuss

Außerdem:
Mehl zum Verarbeiten
4 EL Butter zum Braten

Für 4 Portionen · Pro Portion ca. 505 kcal
1 Std. 30 Min. Zubereitung

1. Für das Sauerkraut den Speck ohne Schwarte fein würfeln. Die Zwiebel schälen und fein würfeln. Speck und Zwiebelwürfel in einem großen Topf im Öl anbraten. Sauerkraut mit Wein, Apfelsaft, Brühe und Gewürzen dazugeben und bei kleiner Hitze 45 Min. abgedeckt schmoren, dabei zwischendurch mehrmals umrühren.

2. Inzwischen für die Schupfnudeln die ungeschälten Kartoffeln knapp mit Wasser bedeckt in ca. 20 Min. gar kochen, etwas abkühlen lassen und pellen. Warm durch die Kartoffelpresse drücken. Eigelbe, Speisestärke, Mehl, Salz, Pfeffer und Muskatnuss dazugeben. Alle Zutaten zu einem glatten Teig verkneten und würzen. Den Teig halbieren, jede Portion zu einer Rolle von ca. 2 cm Ø formen. Die Rollen in 2 cm breite Stücke schneiden. Jedes zwischen den Händen zu fingerlangen, an den Enden spitz zulaufenden Würstchen formen.

3. Reichlich Salzwasser aufkochen. Die Schupfnudeln hineingeben. Sobald sie aufsteigen, den Topf vom Herd nehmen und die Schupfnudeln noch 2 Min. ziehen lassen. Mit einer Schaumkelle herausheben, kalt abschrecken und gut abtropfen lassen.

4. Kurz vor dem Servieren die Schupfnudeln in der Butter bei mittlerer Hitze in ca. 5 Min. goldbraun braten. Das Sauerkraut mit Salz, Pfeffer und Zucker abschmecken und mit den Schupfnudeln anrichten.

Deftige Krautvariante

500 g mageres **Kasseler** am Stück in etwas Öl rundherum anbraten. Das Fleisch herausnehmen, dann das Sauerkraut zubereiten. Das Fleisch auf das Kraut legen und kochen wie oben beschrieben. Kasseler in Scheiben schneiden und mit dem Kraut servieren.

Maultaschen

Angeblich wurden sie erfunden, um das in der Fastenzeit verbotene Fleisch vor dem Herrgott zu verstecken – im Nudelteig. Zu verstecken brauchen sie sich heute nicht mehr, im Gegenteil: Wer sie selbst macht, hat allen Grund, sie stolz herzuzeigen.

Für den Nudelteig:
500 g Mehl
4 Eier (Größe M)
4 EL neutrales Pflanzenöl
Salz

Für die Füllung:
2 Brötchen vom Vortag
100 g durchwachsener Speck
2 Zwiebeln
1 dünne Stange Lauch
1 Bund Petersilie
2 EL Butter
200 g gemischtes Hackfleisch
200 g Kalbsbrät (oder feine Bratwürste, evtl. beim Metzger vorbestellen)
300 g gehackter Spinat (TK, aufgetaut)
4 Eier (Größe M)
2 EL Semmelbrösel
1 EL getrockneter Majoran
Salz · Pfeffer
frisch geriebene Muskatnuss

Außerdem:
Mehl zum Verarbeiten
4 kleine Zwiebeln
75 g Butter
1 Bund Schnittlauch

Für 8 Portionen · Pro Portion ca. 695 kcal · 2 Std. Zubereitung

1. Für den Nudelteig Mehl, Eier, Öl, 1 TL Salz und 5–6 EL lauwarmes Wasser in eine Rührschüssel geben. Zuerst mit den Knethaken des Handrührers, dann mit den Händen zu einem glatten, elastischen Teig verkneten. Ist der Teig zu krümelig, wenig Wasser dazugeben; klebt er an den Händen, noch etwas Mehl unterkneten. Den Teig in Frischhaltefolie bei Zimmertemperatur ca. 30 Min. ruhen lassen.

2. Inzwischen für die Füllung die Brötchen in warmem Wasser ca. 10 Min. einweichen. Speck ohne Schwarte ganz fein würfeln. Zwiebeln schälen und fein würfeln. Lauch putzen, der Länge nach aufschlitzen, waschen und fein schneiden. Petersilie waschen und trocknen, die Blättchen fein hacken.

3. In einer Pfanne die Butter schmelzen, den Speck, die Zwiebeln und den Lauch hineingeben und ca. 5 Min. bei mittlerer Hitze anschwitzen. Die Petersilie unterrühren, die Mischung abkühlen lassen. Die Brötchen gut ausdrücken, zerzupfen, mit Hackfleisch, Brät, Speck-Zwiebel-Mischung, Spinat, Eiern, Semmelbröseln, Majoran und Gewürzen vermischen und kräftig abschmecken.

4. Den Nudelteig in 2–3 Portionen in der Nudelmaschine dünn ausrollen und auf die Arbeitsfläche legen. Die erste Teigplatte mit etwas Wasser bepinseln. Die Füllung portionieren, dünn auf der ganzen Teigplatte verstreichen, dabei an den Längskanten je ca. 2 cm frei lassen. Teig von beiden Seiten leicht überlappend darüberschlagen und andrücken. Den Teigstreifen ca. alle 6 cm mit einem Kochlöffelstiel andrücken, dann mit einem scharfen Messer durchtrennen. Maultaschen auf ein mit Mehl bestäubtes Brett legen und mit den restlichen Teigportionen ebenso verfahren, bis alle Maultaschen fertig sind. →

5. Reichlich Salzwasser aufkochen. Die Maultaschen darin bei kleiner Hitze ca. 10 Min. ziehen lassen. Mit einer Schaumkelle herausnehmen und gut abtropfen lassen.

6. Inzwischen die Zwiebeln schälen und in feine Ringe schneiden. In der Hälfte der Butter in einer Pfanne in 6–8 Min. bei mittlerer Hitze knusprig-hellbraun braten.

7. Den Schnittlauch abbrausen, trocken schütteln, in Röllchen schneiden. Übrige Butter in einer weiten Pfanne erhitzen und die Maultaschen darin portionsweise 2–3 Min. pro Seite anbraten. Mit den geschmelzten Zwiebeln anrichten und mit Schnittlauch bestreuen.

Zubereitung ohne Nudelmaschine

Den Teig mit 625 g Mehl, 5 Eiern, 5 TL Öl und 7–8 EL Wasser zubereiten. Nach dem Ruhen vierteln. Die erste Portion auf wenig Mehl dünn mit dem **Nudelholz** ausrollen (ca. 40 cm Ø). Teigplatte halbieren, Halbkreise mit Wasser einpinseln. 1/8 der Füllung dünn darauf verstreichen, an den Rändern 2 cm frei lassen. Halbkreise von der runden Seite her locker aufrollen, die Rollen etwas flach drücken, dann portionieren. Restlichen Teig ebenso verarbeiten. Wickeln Sie den noch nicht verarbeiteten Teig auf jeden Fall immer wieder gut in Frischhaltefolie ein, damit er nicht austrocknet!

Knusprige Zwiebelringe

Wer die Zwiebeln zu Maultaschen und Käsespätzle besonders **knusprig** mag, wendet die rohen Zwiebelringe vor dem Braten in Mehl. Überschüssiges Mehl abschütteln und die Zwiebeln portionsweise in Butter ausbraten. Nicht zu viele auf einmal in die Pfanne geben, weil sie sonst im eigenen Saft schmoren, statt knusprig zu werden.

Käsespätzle

Käsespätzle gehörten schon früher zur Einkehr nach Wanderungen oder nach weißem Wintervergnügen auf Brettln oder Kufen. Je mehr lustige Fäden sie zogen, desto besser schmeckten sie auch. Und das tun sie heute noch.

Salz
500 g Mehl
4 TL neutrales Pflanzenöl
4 Eier (Größe M)
250 g Emmentaler
Pfeffer
3 große Zwiebeln
50 g Butter

Außerdem:
Butter für die Form

Für 4 Portionen · Pro Portion ca. 885 kcal · 2 Std. Zubereitung

1. In einem großen Topf reichlich Salzwasser aufkochen. Mehl, Öl, 2 TL Salz, Eier und ca. 250 ml lauwarmes Wasser in eine Schüssel geben und mit den Knethaken des Handrührers kräftig verrühren. So lange schlagen, bis der Teig Blasen wirft. Den Teig portionsweise in eine Spätzlepresse geben und in das kochende Wasser drücken. Sobald die Spätzle an die Oberfläche steigen, mit einer Schaumkelle herausnehmen, auf ein Sieb geben und abtropfen lassen.

2. Den Backofen auf 180° (Umluft 160°) vorheizen. Eine feuerfeste Form mit Butter einfetten. Den Käse reiben. Abwechselnd Spätzle und Käse in die Form schichten und mit Pfeffer würzen. Die letzte Lage Spätzle mit Käse bedecken. Im Ofen in ca. 25 Min. goldbraun überbacken. Inzwischen die Zwiebeln schälen und in feine Ringe schneiden. In der Butter bei mittlerer Hitze in ca. 6 Min. goldbraun braten, leicht salzen und pfeffern und zu den Spätzle servieren.

Nudelauflauf

mit Tomatensauce

Was sich unter der Knusperkruste verbirgt, ist nicht nur die bunte Mischung aus Nudeln, Schinken und Erbsen: Es sind vor allem die vielen Erinnerungen, die durch ein Lieblings-Kindheitsgericht heraufbeschworen werden.

Für den Auflauf:
350 g Nudeln (z. B. Spiralnudeln oder Makkaroni)
Salz
150 g gekochter Schinken (in ca. 1/2 cm dicken Scheiben)
100 g Emmentaler
3 EL Butter
3 EL Mehl
300 ml Milch
200 g Gemüse- oder Fleischbrühe
100 g Sahne
Pfeffer
frisch geriebene Muskatnuss
3 Zweige Thymian
150 g Erbsen (TK)

Für die Tomatensauce:
1 kleine Zwiebel
1 Knoblauchzehe
1 EL neutrales Pflanzenöl
700 g passierte Tomaten (oder 1 Dose Schältomaten à 800 g)
1 Lorbeerblatt
Salz · Pfeffer
1 Prise Zucker

Außerdem:
Fett für die Fom

Für 4 Portionen · Pro Portion ca. 785 kcal · 1 Std. Zubereitung

1. Die Nudeln in reichlich Salzwasser bissfest kochen, abgießen, kalt abschrecken und abtropfen lassen. Schinken würfeln, Käse reiben.

2. Für die Sauce die Butter in einem Topf erhitzen. Mehl darüberstäuben und goldgelb anschwitzen. Milch unter Rühren dazugießen, aufkochen. Brühe und Sahne zugeben, aufkochen und unter Rühren 5 Min. leise kochen lassen. Mit Salz, Pfeffer und Muskatnuss würzen.

3. Den Backofen auf 200° (Umluft 180°) vorheizen. Thymian waschen, trocknen und Blättchen abzupfen. Jeweils die Hälfte Nudeln, Schinken und gefrorene Erbsen in eine große Auflaufform geben. Mit den Thymianblättchen bestreuen und mit der Hälfte der Sauce begießen. Restliche Zutaten einschichten und mit Käse bestreuen. Im heißen Ofen (Mitte) in 25–30 Min. goldgelb backen.

4. Inzwischen für die Sauce Zwiebel und Knoblauch schälen und sehr fein würfeln. Beides in einem Topf in Öl glasig dünsten. Tomaten und Lorbeerblatt dazugeben, aufkochen. Bei kleiner Hitze 10–15 Min. einkochen. Lorbeer entfernen, die Sauce nach Belieben pürieren und mit Salz, Pfeffer und Zucker würzen. Zum Auflauf servieren.

Variante: Schinkennudeln

350 g Nudeln (z. B. Spiralnudeln) bissfest kochen und abgießen. 250 g gekochten Schinken (in Scheiben) in schmale Streifen schneiden. 1 Zwiebel schälen und fein würfeln, in 2 EL Butter in einer großen Pfanne goldgelb andünsten. Schinken dazugeben und kurz mitdünsten. Die Nudeln dazugeben und unter Rühren ca. 3 Min. erhitzen. 3 Eier, 6 EL Milch, Salz und Pfeffer verquirlen und zu den Nudeln geben. Unter Rühren kurz erhitzen, bis die Eier zu stocken anfangen. Vom Herd nehmen und gleich servieren.

Spaghetti bolognese

Liebevolle Zuneigung braucht sie schon, die Sauce bolognese; dazu ein bisschen Sorgfalt und Geduld. Viel ist das nicht im Vergleich zu dem, was man als Belohnung zurückbekommt: eine würzige Sauce, die sich unnachahmlich sämig um Pasta legt.

200 g Möhren
3 Stangen Staudensellerie
1 große Zwiebel
1–2 Knoblauchzehen
100 g Räucherspeck
4 EL Olivenöl
500 g gemischtes Hackfleisch
Salz · Pfeffer
100 ml trockener Rotwein
4 EL Tomatenmark
250 ml Fleischbrühe
5 Zweige Thymian
1 Bund Petersilie
2 kleine Dosen stückige Tomaten (à 400 g)
1 Lorbeerblatt
1 gehäufter EL Butter
1–2 Prisen Zucker
400 g Spaghetti

Außerdem:
geriebener Parmesan

Für 4 Portionen · Pro Portion ca. 1050 kcal
1 Std. Zubereitung · 1 Std. 30 Min. Garen

1. Möhren schälen, putzen und in 1 cm große Würfel schneiden. Sellerie putzen, waschen, die Stangen der Länge nach halbieren und fein würfeln. Zwiebel und Knoblauch schälen und fein würfeln. Speck ohne Schwarte ganz fein würfeln. 2 EL Öl in einer weiten Pfanne erhitzen. Zwiebel und Gemüse darin ca. 5 Min. bei mittlerer Hitze andünsten. Knoblauch dazugeben und 1 Min. mitdünsten. Alles in einen großen Schmortopf geben.

2. Restliches Öl in der Pfanne erhitzen. Das Hackfleisch darin bei großer Hitze ca. 10 Min. kräftig anbraten und dabei mit dem Pfannenwender zerkrümeln. Salzen und pfeffern. Speck dazugeben. Mit Rotwein ablöschen und kurz einkochen. Tomatenmark und Brühe unterrühren und einmal aufkochen. Zum Gemüse in den Topf geben.

3. Thymian waschen und trocken schütteln. Petersilie waschen und trocknen, die Blättchen fein hacken. Stückige Tomaten, Lorbeerblatt, gehackte Petersilie und Thymianzweige zu Gemüse und Fleisch geben, aufkochen. Bei kleiner Hitze im leicht geöffneten Topf ca. 1 Std. 30 Min. köcheln lassen, sodass die Sauce schön sämig wird. Zwischendurch umrühren. Die Thymianzweige entfernen. Die Butter unterrühren und die Sauce mit Salz, Pfeffer und Zucker abschmecken.

4. Die Spaghetti in reichlich kochendem Salzwasser bissfest garen und abgießen. Mit der Sauce Bolognese anrichten und mit geriebenem Parmesan servieren.

Vorratstipp

Es lohnt sich, gleich die **doppelte Menge** Sauce zu kochen. Sie schmeckt aufgewärmt fast noch besser und kann auch eingefroren werden.

Spaghetti bolognese:

Erfolgsgeschichte eines Missverständnisses

Als die deutschen Italienurlauber ab den 1960er-Jahren neben Capri und den Stränden der Adriaküste auch »la dolce vita« entdeckten, wollten sie etwas von dem südlichen Zauber mit heimnehmen. Setzten fortan ein Sprühsahnehäubchen auf den Filterkaffee und nannten das Cappuccino; brieten Hackfleisch mit Tomaten und erklärten es zur Sauce bolognese.

Was dabei herauskam, hatte mit dem italienischen ragù alla bolognese wenig zu tun – und eroberte trotzdem unsere Kinderherzen im Sturm. Uns war egal, dass man in Italien alle Saucenzutaten stundenlang vor sich hin schmoren ließ, damit sie sich zu einem unendlich aromatischen Gedicht von einem Gericht verbanden. Wenn die Sauce zu Hause schon nach einer halben Stunde auf dem Tisch stand – umso besser! Die Nudeln warteten schließlich schon. Staudensellerie hatten wir noch nie gesehen und noch weniger davon gehört, dass er eine Rolle in der Bolognese spielen sollte. Auch die Zugabe von Paprikaschoten zur Sauce quittierten wir keineswegs mit kulinarisch gebildetem Unverständnis. Höchstens sortierten wir die grünen Paprikastreifen aus dem Nudelwirrwarr heraus, weil sie uns zu bitter waren. Spaghetti mit Hackfleischsauce war und blieb unser Lieblingsgericht, und unbekümmert wickelten wir die langen Nudeln mithilfe des Löffels um die Gabel. Worüber Italiener womöglich die Hände über dem Kopf zusammengeschlagen hätten.

Alte Liebe, neue Chance

Und heute? Haben wir die Gelegenheit, uns noch einmal ganz neu zu verlieben. Treiben wir die Suche nach dem Geschmack der Kindheit einfach noch einen Schritt weiter. Suchen wir nach dem Geschmack, den unsere Eltern und Großeltern in Italien fanden und auf ihre Weise reproduzierten. Wenn wir dem Rezept die Sorgfalt widmen, die es verdient, dann entdecken wir eine Sauce, die absolut zu Recht in den Rang eines internationalen Klassikers aufgestiegen ist. Wichtigste Zutat dabei: die Zeit, die eine Bolognese einfach braucht. Über fast alle weiteren Zutaten lässt sich vortrefflich streiten: Gehört Hühnerleber hinein oder nicht? Viel Speck, wenig Speck, gar kein Speck? Sind Tomaten womöglich gar nicht original, sondern eine fremde Zutat? All das ist weniger entscheidend als Geduld angesichts des Topfes, in dem sich die Magie des Schmorens vollzieht.

Kleines Nudel-Einmaleins

In der Zwischenzeit lässt sich wunderbar über die richtige Nudel zur Sauce philosophieren. Spaghetti, so viel steht fest, gibt es in Italien nicht dazu. Die dünnen »Bindfädchen« sind dort leichten, sämigen Saucen vorbehalten, die sich innig um jede Nudel schmiegen, statt schwer davon herunterzufallen. Für Spaghetti eignen sich schlichte Tomatensauce, Olivenöl für Spaghetti aglio e olio oder die Eier in dem anderen missverstandenen Klassiker, Spaghetti alla carbonara.

Unser ragù dagegen findet einen besseren Partner in Tagliatelle, den Bandnudeln, die im getrockneten Zustand zu Nestern gekringelt sind. Sie stammen aus der gleichen Region Italiens wie die Bolognese selbst: aus der Emilia-Romagna. Das allein macht die beiden schon zu einem kulinarischen Traumpaar, und die raue Oberfläche der Pasta gibt der Sauce den perfekten Halt. Übrigens enthalten Tagliatelle – entgegen der landläufigen Meinung, italienische Pasta dürfe nur aus Hartweizengrieß bestehen – Eier. Frisch sind diese Nudeln natürlich am allerbesten. Und da die Sauce aller Saucen noch friedlich vor sich hin schmurgelt – warum die Pasta nicht gleich selber machen?

Für 4 Portionen 400 g Mehl in eine Schüssel sieben. 4 Eier und 1 gute Prise Salz zugeben und mit den Händen zu einem geschmeidigen Teig verkneten. Die Schüssel mit einem feuchten Tuch abdecken und den Teig 30 Min. ruhen lassen.

Danach den Teig auf wenig Mehl sehr dünn ausrollen. Mit dem Nudelholz braucht das seine Zeit; einfacher geht es mit der Nudelmaschine. Die schneidet ihn dann auch gleich in exakt gleich breite Streifen. Handarbeiter bestreuen den Teigfladen mit etwas Mehl, rollen ihn dann locker auf und schneiden mit einem scharfen Messer 5 mm schmale Streifen von der Rolle. Die frischen Nudeln in reichlich Salzwasser in ca. 8 Min. bissfest garen, abgießen und gut abtropfen lassen.

Ach, jetzt ist die Sauce auch fertig? Dann guten Appetit oder: buon appetito!

12. Schweinefleisch.

Fleisch und Fisch

Der Sonntagsbraten war immer schon Inbegriff einer geselligen Mahlzeit: Erwartungsvoll saß früher die ganze Familie um den Tisch versammelt, wenn er aufgetragen und feierlich tranchiert wurde. Der Bratenduft hing noch den ganzen Tag in allen Räumen. Nicht weniger geliebt haben wir allerdings die anderen Gerichte, die regelmäßig auf den Tisch kamen: würzige Frikadellen, knusprige Hähnchen, zarten Fisch. Hier kommen sie alle wieder – zum Selbstmachen und Nach-Hause-Träumen.

Frikadellen

mit Kartoffelsalat

Frikadellen, Fleischpflanzerl, Buletten, Klopse: Über Namen kann man prima streiten. Stehen die knusprig braunen Hackfleischbratlinge aber erst einmal auf dem Tisch, sind sich alle einig: Egal wie sie heißen – die schmecken einfach!

Für den Kartoffelsalat:
1 kg kleine festkochende Kartoffeln (z. B. Linda, Sieglinde oder Nicola)
1 mittelgroße Zwiebel
250 ml kräftige Fleischbrühe
3–4 EL Rotweinessig
Salz · Pfeffer
5 EL neutrales Pflanzenöl
1 TL scharfer Senf

Für die Frikadellen:
1 Brötchen vom Vortag (oder 50 g Weißbrot)
1 Zwiebel
1 Bund Petersilie
4–6 EL neutrales Pflanzenöl
500 g gemischtes Hackfleisch
1 Ei (Größe M)
Salz · Pfeffer

Außerdem:
1 Bund Schnittlauch

Für 4 Portionen · Pro Portion ca. 820 kcal
1 Std. 20 Min. Zubereitung

1. Für den Kartoffelsalat die Kartoffeln waschen, in einem Topf mit Wasser bedecken und aufkochen. In knapp 20 Min. bei mittlerer Hitze gar kochen. Inzwischen die Zwiebel schälen und ganz fein würfeln. Brühe und Zwiebelwürfel in einem kleinen Topf bei großer Hitze aufkochen und den Topf vom Herd ziehen.

2. Sobald die Kartoffeln gar sind, abgießen, kalt abschrecken und noch heiß pellen. Die Kartoffeln in möglichst dünne Scheiben schneiden und in eine Schüssel geben. Die heiße Zwiebelbrühe und 3 EL Essig darübergießen, alles salzen und pfeffern und vorsichtig vermischen. Abgedeckt ca. 30 Min. durchziehen lassen. Öl und Senf untermischen und den Salat mit Salz und Pfeffer abschmecken.

3. Inzwischen für die Frikadellen das Brötchen oder Weißbrot in eine Schüssel geben, mit warmem Wasser begießen und einweichen. Die Zwiebel schälen und fein würfeln. Petersilie waschen und trocken schütteln, die Blättchen fein hacken. 1 EL Öl in einer Pfanne erhitzen und die Zwiebelwürfel darin in ca. 5 Min. glasig dünsten. Petersilie unterrühren und die Pfanne vom Herd nehmen. Abkühlen lassen.

4. Hackfleisch, das gut ausgedrückte Brötchen, das Ei und die Zwiebelmischung in einer Schüssel zu einem Hackteig verkneten, salzen und pfeffern. Mit nassen Händen acht Frikadellen formen. Restliches Öl in einer weiten Pfanne erhitzen, die Frikadellen darin bei mittlerer Hitze von beiden Seiten in je ca. 5 Min. braun braten.

5. Den Kartoffelsalat erneut abschmecken und, falls nötig, mit Salz, Pfeffer und Essig nachwürzen. Den Schnittlauch waschen, trocken schütteln, in feine Röllchen schneiden und auf den Salat streuen. Frikadellen mit dem Kartoffelsalat anrichten.

Königsberger Klopse

Das kleine Glas mit Kapern, das zu Hause im Kühlschrank auf seinen Einsatz wartete, stand dort nur zu einem einzigen Zweck: der Sauce für Königsberger Klopse mit ein paar der grünen Kügelchen den typischen säuerlich-aromatischen Geschmack zu verleihen.

200 ml Milch
1 Brötchen vom Vortag (oder 50 g Weißbrot)
1 1/2 Zwiebeln
2 Sardellen (aus dem Glas)
400 g Kalbshack
200 g Schweinehack
1 Ei (Größe M)
Salz · Pfeffer
Muskatblüte, gemahlen (Macis; ersatzweise frisch geriebene Muskatnuss)
1 Lorbeerblatt
2 Gewürznelken
1 l Fleischbrühe
5 Pimentkörner
4 EL Butter
4 EL Mehl
200 g Sahne
2–3 EL kleine Kapern (aus dem Glas)
1–2 TL abgeriebene Schale von 1 Bio-Zitrone
1/2 Bund Schnittlauch

Für 4 Portionen · Pro Portion ca. 710 kcal
1 Std. 20 Min. Zubereitung

1. Die Milch lauwarm erhitzen und das Brötchen darin einweichen. Die halbe Zwiebel schälen und ganz fein würfeln. Die Sardellen kalt abspülen und fein hacken. Das eingeweichte Brötchen mit den Händen gut ausdrücken und in eine Schüssel geben. Kalbs- und Schweinehack, Ei, Zwiebel, Sardellen, etwas Salz, Pfeffer und Muskatblüte dazugeben und kräftig durchkneten. Mit feuchten Händen aus der Hackfleischmasse etwa 20 tischtennisballgroße Klöße formen.

2. Die restliche Zwiebel schälen und das Lorbeerblatt mit den Gewürznelken daranstecken. Die Brühe mit der gespickten Zwiebel und dem Piment in einem weiten Topf aufkochen. Die Klöße hineingeben und ca. 20 Min. bei kleiner Hitze ziehen lassen. Dabei ab und zu am Topf rütteln, damit sich die Klöße drehen und gleichmäßig garen.

3. Die Klöße mit einer Schaumkelle herausnehmen, abtropfen lassen und in einer Schüssel abgedeckt beiseitestellen. Die Brühe durch ein feines Sieb gießen und 700 ml abmessen.

4. Für die Sauce die Butter in einem großen Topf aufschäumen, das Mehl unterrühren und kurz farblos anschwitzen. Die Sahne dazugießen, dabei ständig mit einem Schneebesen rühren, sodass keine Klümpchen entstehen. Die abgemessene Brühe dazugießen und alles unter Rühren aufkochen. 5 Min. unter Rühren kräftig kochen lassen. Die Klöße hineingeben und ca. 5 Min. darin erhitzen.

5. Die Kapern unter die Sauce rühren und die Sauce mit Salz, Pfeffer, Muskatblüte, Zitronenschale und 3–4 EL Kapernsud (aus dem Glas) herzhaft abschmecken. Schnittlauch waschen, trocken schütteln und in feine Röllchen schneiden. Über die Königsberger Klopse streuen. Dazu schmecken Salzkartoffeln oder körnig gekochter Reis.

Liebe mit kleinen grünen Hindernissen: Königsberger Klopse

Einig waren wir uns damals nur in der Liebe zu den pochierten Fleischklopsen. Die komischen grünen Kügelchen dagegen, die in der hellen Sauce schwammen, teilten uns als Kinder in zwei Lager: Entweder hasste man sie und sortierte zum Ärger der Eltern jede einzelne Kaper an den Tellerrand. Oder man liebte sie und achtete eifersüchtig darauf, nur ja nicht zu wenige auf den Teller zu bekommen.

Vielleicht gab es sogar noch ein drittes Lager: das derjenigen, die Kapern zwar genauso misstrauenerweckend fanden, sie aber als Mutprobe aßen und behaupteten, das sei gar nicht schlimm. Fest steht: Kapern gehören zu den Genüssen, bei denen man erst auf den Geschmack kommen muss – genau wie bei Oliven, Kaffee und Bier.

Entgegen so manchem frühen Verdacht (»Krötendreck!«, »Alien-Eier!«) ist ihre Herkunft absolut harmlos. Bei Kapern handelt es sich um die Blütenknospen eines im Mittelmeerraum vorkommenden Strauches, die in Salz, Salzlake, Essig oder Öl eingelegt werden. Dadurch werden sie nicht nur haltbar gemacht, sondern entwickeln auch den typischen pikanten, etwas stechenden Geschmack. Je kleiner, desto feiner: Die winzigsten Kapern besitzen natürlich wieder mal das beste Aroma. Meist kommen sie unter der Bezeichnung »Nonpareilles« – Unvergleichliche – in den Handel.

Das Kind muss einen Namen haben

Was aber haben die mediterranen Würzknospen in einem Gericht zu suchen, das den Namen einer Stadt an der Ostsee trägt? Zum einen: Da sich die in Salz oder Essig konservierten Kapern gut transportieren ließen, dürften sie in einer Hafenstadt wie Königsberg als Würzmittel schon lange bekannt gewesen sein.

Und zum anderen: Vermutlich ist die Frage falsch gestellt, denn die Kapern gehörten schon an das Gericht, lange bevor es diesen Namen trug. Erst seit ungefähr 200 Jahren wird Königsberg in einem Atemzug mit den Fleischklößchen genannt – warum, weiß niemand so genau.

Vielleicht brauchte es einfach einen zugkräftigen Namen, um den Erfolg der feinen Klopse zu ermöglichen. An irgendetwas muss sich Zuneigung schließlich festmachen. Man stelle sich nur vor, wie es wäre, wenn sie immer noch einfach »Fleischklopse« hießen wie in den Kochbüchern des 19. Jahrhunderts: »Was isst du eigentlich am liebsten?« – »Klopse. Also, natürlich meine ich jetzt nicht irgendwelche Klopse, sondern diese aus, na ja, also, ich glaube, Kalbfleisch – oder Schwein? Egal, jedenfalls die mit der weißen Sauce und …«

Zurück in die Klops-Zukunft

Seit die Fleischbällchen unter der Bezeichnung »Königsberger Klopse« bekannt sind, muss niemand mehr solche verbale Verrenkungen machen. Zum Glück. Heute sind es andere Dinge, die dem weiteren Siegeszug dieses Gerichts im Weg stehen: Pfusch und Lieblosigkeit. Der Pfusch(-koch), der die hellen Bällchen aus Schweinefleisch formt, statt sie aus dem teureren Kalbshack zuzubereiten. Die Lieblosigkeit, mit der sie in Kantinen und Supermarktrestaurants als Fertiggericht aus der Tiefkühltruhe geholt und nur noch aufgewärmt werden. Als riesige, graue Bälle in einer weitgehend kapernlosen Saucenlache liegen sie landauf, landab auf Tellern. Entsprechend gleichgültig werden sie verzehrt. Dabei sollten Zitronenschale und Kapern für säuerlich-aromatische Geschmacksexplosionen sorgen, sollte sanft gegartes Fleisch auf der Zunge zergehen, sollten wir beim Essen rufen: »Delikat!«; statt zu seufzen: »Langweilig.«

Hier hilft nur das Zurückschmecken in die Vergangenheit. Unsere Groß- und Urgroßmütter widmeten den Fleischklößchen noch ihre ganze Aufmerksamkeit. Kein Wunder: Wer das Fleisch eigenhändig durch den Wolf drehen oder sogar mit dem Messer fein hacken musste, der konnte gar nicht anders. Wir haben es heute einfacher. Entreißen wir die Königsberger Klopse der Alleinherrschaft von Kantinenköchen und geben wir uns Mühe mit ihnen. So viel ist gar nicht nötig für den perfekten Genuss. Nur Kapern, die sollte man natürlich schon mögen.

Krautwickel

Großmutter ging es bewundernswert fix von der Hand: Fingerfertig wickelte sie die würzige Fülle in die großen Kohlblätter, bis exakt gleich große Päckchen im Topf lagen. Aber auch mit weniger Übung schmecken die Kohlrouladen hervorragend, sodass man sie bald wieder kocht – und schnell genauso fingerfertig wird wie Großmutter.

1 mittelgroßer Weißkohl (ca. 1,5 kg)
1 Brötchen vom Vortag (oder 50 g Weißbrot)
2 Zwiebeln
1–2 Knoblauchzehen
1 Bund Petersilie
600 g gemischtes Hackfleisch
Salz · Pfeffer
frisch geriebene Muskatnuss
1 Bund Suppengrün
2–3 EL neutrales Pflanzenöl
125 ml trockener Weißwein
500 ml Fleisch- oder Gemüsebrühe
1–2 TL Kümmelsamen
2 Lorbeerblätter
2 TL Speisestärke (nach Belieben)

Außerdem:
Küchengarn

Für 4 Portionen · Pro Portion ca. 610 kcal
1 Std. 30 Min. Zubereitung · 45 Min. Garen

1. In einem großen Topf reichlich Wasser aufkochen. Vom Weißkohl die äußeren Blätter ablösen, den Strunk großzügig entfernen. Den ganzen Kohlkopf ins kochende Wasser geben. Nach ca. 2 Min. herausnehmen, die äußeren, jetzt weichen Blätter ablösen und kalt abschrecken. Auf diese Weise nach und nach 16 Blätter ablösen (den restlichen Kohl z. B. für Krautsalat verwenden; siehe Seite 52). Die Blattrippen glatt schneiden.

2. Das Brötchen in warmem Wasser einweichen. Eine Zwiebel und den Knoblauch schälen und fein würfeln. Petersilie waschen, trocken schütteln und die Blättchen fein hacken. Das ausgedrückte Brötchen mit Hackfleisch, Zwiebel, Knoblauch, Petersilie, Salz, Pfeffer und Muskatnuss in einer Schüssel zu einem Hackteig verkneten. Würzig abschmecken. Die Kohlblätter trocken tupfen. Auf eines der Blätter einen gehäuften EL Hackmasse geben. Die Seiten des Blattes darüberschlagen, aufrollen und in ein weiteres Kohlblatt einrollen. Mit Küchengarn zusammenbinden. Auf diese Weise acht Päckchen rollen.

3. Das Suppengrün waschen, putzen, schälen und sehr klein würfeln. Die zweite Zwiebel schälen und ebenfalls fein würfeln. Den Backofen auf 200° (Umluft 180°) vorheizen. Das Öl in einem Bräter erhitzen. Die Krautwickel darin ca. 2 Min. rundherum anbraten, herausnehmen. Suppengrün und Zwiebel im verbleibenden Bratfett ca. 5 Min. andünsten, mit Weißwein ablöschen, kurz einkochen. Die Brühe daraufgießen, Kümmel und Lorbeerblätter dazugeben, aufkochen.

4. Die Krautwickel in den Bräter legen, Bräter mit einem Deckel verschließen. Im heißen Ofen ca. 45 Min. schmoren. Zum Schluss die Sauce mit Salz und Pfeffer abschmecken. Nach Belieben mit der angerührten Speisestärke binden.

Falscher Hase

mit Endiviensalat

Ob wohl wirklich jemand mal versucht hat, einen Hack- als Hasenbraten zu verkaufen? Hmm, unwahrscheinlich. Aber sei's drum: So mancher würde freudig jedes Langohr gegen den würzig-saftigen Hackbraten eintauschen.

Für den Hackbraten:
3 Eier
1 Brötchen vom Vortag (oder 50 g Weißbrot)
1 Zwiebel
1 Bund Petersilie
1 EL neutrales Pflanzenöl
500 g gemischtes Hackfleisch
Salz · Pfeffer
1 TL edelsüßes Paprikapulver
1 TL getrockneter Thymian
500 ml Fleischbrühe
1–2 TL Speisestärke
100 g saure Sahne

Für den Salat:
1/2 Endiviensalat
3 EL Zitronensaft
1 EL Mayonnaise (aus dem Glas)
2 gehäufte EL saure Sahne
1 TL mittelscharfer Senf
3 EL neutrales Pflanzenöl
Salz · Pfeffer
1 Prise Zucker

Außerdem:
Fett für den Bräter

Für 4 Portionen · Pro Portion ca. 675 kcal
45 Min. Zubereitung · 1 Std. Garen

1. Für den Hackbraten 2 Eier in 10 Min. hart kochen, abschrecken und pellen. Das Brötchen in einer Schüssel mit warmem Wasser einweichen. Die Zwiebel schälen und fein würfeln. Petersilie waschen und trocknen, die Blättchen fein hacken. Das Öl in einer Pfanne erhitzen und die Zwiebelwürfel darin in ca. 5 Min. glasig dünsten. Petersilie unterrühren und die Pfanne vom Herd nehmen.

2. Den Backofen auf 220° (Umluft 200°) vorheizen. Das Hackfleisch in einer Schüssel mit dem gut ausgedrückten Brötchen, dem restlichen Ei und der Zwiebelmischung verkneten. Mit Salz, Pfeffer, Paprika und Thymian würzen. Den Hackteig mit angefeuchteten Händen zu einem Laib formen, dabei die hart gekochten Eier in die Mitte drücken. Einen Bräter einfetten und den Laib hineinlegen. Die Hälfte der Fleischbrühe angießen. Den Bräter verschließen, in den Ofen schieben und den Braten 30 Min. garen. Die Temperatur auf 200° (Umluft 180°) reduzieren, die restliche Brühe angießen und alles weitere 30 Min. offen garen, dabei den Braten mehrmals mit der Brühe übergießen.

3. Inzwischen den Salat putzen, waschen, trocken schleudern und in schmale Streifen schneiden. Zitronensaft, Mayonnaise, saure Sahne und Senf glatt rühren. Das Öl mit einem Schneebesen unterschlagen. Mit Salz, Pfeffer und Zucker abschmecken.

4. Kurz vor dem Servieren den Braten aus dem Bräter nehmen und abgedeckt im Ofen warm stellen. Den Bratenfond in einen kleinen Topf gießen und aufkochen. Die Stärke mit 2–3 EL Wasser glatt rühren und den kochenden Bratensaft damit binden. Die saure Sahne unterrühren, mit Salz und Pfeffer abschmecken. Den Salat mit der Salatsauce mischen und zum Braten mit Sauce reichen. Dazu passen Kartoffelpüree (siehe Seite 34) oder Salzkartoffeln.

12. Schweinefleisch.

Schweinekrustenbraten

Krachen muss sie, die Kruste eines richtig guten Schweinebratens. Wie man das hinbekam, war lange Großmutters Geheimnis. Bis jetzt – denn mit diesem Rezept ist es ganz einfach, das außen knusprige, innen saftige Bratenschmuckstück selbst zu machen.

1,25 kg Schweinekrustenbraten
Salz · Pfeffer
1 Zwiebel
2 Knoblauchzehen
2 Möhren
2 Tomaten
400 ml Fleischbrühe
150 ml Bier
2–3 TL Speisestärke

Für 4 Portionen · Pro Portion ca. 940 kcal
35 Min. Zubereitung · 1 Std. 30 Min. Garen

1. Den Backofen auf 220° (Umluft 200°) vorheizen. Das Fleisch waschen und trocken tupfen. Mit Salz und Pfeffer einreiben und mit der Schwarte nach unten in einen Bräter (oder in die Fettpfanne des Backofens) legen. Zwiebel und Knoblauch schälen und grob würfeln. Möhren schälen und putzen, Tomaten waschen und vom Stielansatz befreien. Beides in grobe Stücke schneiden. Zwiebel, Knoblauch, Möhre und Tomate um den Braten herum verteilen. Die Brühe angießen.

2. Den Bräter in den heißen Ofen (Mitte) schieben. Nach 30 Min. herausnehmen, den Braten wenden und die Schwarte mit einem sehr scharfen Messer rautenförmig einschneiden. Die Temperatur auf 200° (Umluft 180°) zurückdrehen. Den Braten für 1 weitere Std. in den Ofen schieben, nun mit der Schwartenseite nach oben. Den Braten mehrmals mit dem Bratenfond begießen, sodass sich eine schöne braune Kruste bildet. 15 Min. vor Ende der Garzeit mehrmals mit Bier bepinseln. Falls die Kruste jedoch zu stark bräunt, lieber mit Alufolie abdecken, sonst wird sie zu hart.

3. Den Braten herausheben und zugedeckt beiseitestellen. Für die Sauce den Bratenfond durch ein Sieb in einen kleinen Topf gießen, dabei das Gemüse gut ausdrücken (und dann wegwerfen). Den Bratenfond aufkochen. Die Stärke mit 2–3 EL Wasser glatt rühren und den kochenden Bratenfond binden. Mit Salz und Pfeffer abschmecken. Zum Servieren den Braten mit einem scharfen Messer in Scheiben schneiden und mit der Sauce servieren. Dazu passen Kartoffel- oder Semmelknödel (siehe Seite 38 und 41).

Küchenpraxistipp

Wird die **Schwarte,** wie oben beschrieben, erst angeschmort, dann lässt sie sich leicht mit einem scharfen Messer einschneiden. Oder Sie bitten Ihren Metzger, das schon gleich für Sie zu erledigen.

Sauerfleisch

mit Remoulade

Misstrauisch sahen wir als Kinder zu, wie die Erwachsenen mit offenkundigem Genuss Sülze aßen. Waren die komisch! Inzwischen lieben wir das deftige Gericht selbst – und haben gar nichts gegen die misstrauischen Blicke der Kinder. Dann müssen wir nämlich nicht teilen.

Für das Sauerfleisch:
1 kleine Stange Lauch
3 Zwiebeln
2 große Möhren
3 Lorbeerblätter
Salz
je 1 EL weiße Pfefferkörner und Senfkörner
5 Pimentkörner
1,25 kg Schweinenacken mit Knochen (siehe Tipp)
250 ml Weißweinessig
2 EL Zitronensaft
Pfeffer
2–3 EL Zucker
12 Blatt weiße Gelatine
5 Cornichons

Für die Remoulade:
1 Ei
2 sehr frische Eigelbe
1 EL Zitronensaft
2 TL Dijonsenf
150 ml gutes neutrales Pflanzenöl
4 Cornichons
4 Sardellenfilets (aus dem Glas)
je 1/2 Bund Petersilie, Dill und Kerbel
1 EL kleine Kapern
Salz · Pfeffer

Für 3 Gläser à 0,5 l · Pro Portion ca. 800 kcal
3 Std. Zubereitung · 3 Std. Kühlen

1. Lauch putzen, der Länge nach aufschlitzen, waschen und in dicke Scheiben schneiden. Zwiebeln und Möhren schälen, Zwiebeln vierteln, Möhren ganz lassen. Alles mit Lorbeer, 1 TL Salz, Pfeffer- und Senfkörnern und Piment in 1,5 l Wasser aufkochen. Fleisch abtupfen und in die kochende Flüssigkeit legen. Aufkochen, dann bei kleiner Hitze ca. 1 Std. sieden lassen.

2. Fleisch, Möhren und Zwiebeln herausnehmen und abgedeckt erkalten lassen (Lauch wegwerfen). Den Kochsud durch ein feines Sieb gießen und 750 ml abmessen. Essig unterrühren und den Sud mit Zitronensaft, Salz, Pfeffer und Zucker sehr kräftig abschmecken. Gelatine 5 Min. in kaltem Wasser einweichen. 250 ml von dem abgemessenen Sud erhitzen. Gelatine ausdrücken und darin auflösen. Mit dem restlichen kalten Sud mischen und mind. 1 Std. kühl stellen.

3. Fleisch von den Knochen lösen und in kleine Stücke schneiden. Möhren und Cornichons in Scheiben schneiden und mit dem Fleisch und den Zwiebeln in Gläser mit weiter Öffnung füllen. Mit dem Sud begießen und mind. 2 Std. kalt stellen.

4. Für die Remoulade das Ei in ca. 10 Min. hart kochen, kalt abschrecken und pellen. Eigelbe mit Zitronensaft und Senf verrühren. Das Öl zuerst tröpfchenweise, dann in dünnem Strahl dazugießen, dabei ständig mit dem Schneebesen rühren, bis die Mayonnaise fest wird und glänzt. Cornichons fein würfeln. Sardellenfilets abspülen, trocken tupfen. Kräuter waschen, trocken schütteln, die Blättchen abzupfen. Mit Sardellen und dem hart gekochten Ei fein hacken, mit Mayonnaise, Cornichons und Kapern verrühren. Mit Salz, Pfeffer und 2–3 TL Gurkensud abschmecken. Das Fleisch im Glas mit der Remoulade servieren. Dazu passen Bratkartoffeln (siehe Seite 28). ➛

Einkaufstipp

Möglicherweise müssen Sie den Schweinenacken beim Metzger vorbestellen. Dann lassen Sie ihn dort am besten gleich **pökeln.** Das Fleisch wird dadurch zarter, saftiger und behält beim Kochen seine appetitliche rosa Farbe.

Vorratstipp

Das Sauerfleisch lässt sich **für den Vorrat** auch in größeren Mengen herstellen. Verdoppeln oder verdreifachen Sie das Rezept dafür einfach. Geben Sie Fleisch und Gemüse in heiß ausgespülte Einmachgläser, begießen Sie sie mit dem heißen Sud und verschließen Sie die Gläser gleich mit Gummiring und Klammern. Das Sauerfleisch hält sich an einem kühlen Ort bis zu 6 Monate lang.

Feine Remoulade

Hilfe – die Mayonnaise für die Remoulade ist **geronnen.** Was tun? Fangen Sie einfach in einer sauberen Schüssel neu an und verrühren Sie (mit sauberem Schneebesen) 1 weiteres Eigelb mit Senf und Zitronensaft. Geben Sie nun wieder tropfenweise Öl dazu und verquirlen Sie es mit der Eigelbmasse. Nun können Sie teelöffelweise die geronnene Mischung dazugeben und unterrühren. Wichtig, um Gerinnen zu vermeiden: Alle Zutaten sollten zimmerwarm sein.
Die Remoulade reicht für **6–8 Portionen,** weil es sich kaum lohnt, kleinere Mengen herzustellen. Kühlen Sie die restliche Sauce gut und essen Sie sie einfach am nächsten Tag zu kaltem Aufschnitt wie z. B. Roastbeef.

Beherzt würzen

Die Gelatine »schluckt« jede Menge **Würze.** Seien Sie beim Abschmecken des heißen Suds für das Sauerfleisch daher nicht zu zaghaft! Sie dürfen so viel Essig, Zucker und Salz verwenden, dass Ihnen der Sud deutlich überwürzt vorkommt. Sobald das Sauerfleisch erkaltet ist, schmeckt es dann genau richtig.

Anrichtetipp

Etwas weniger rustikal kommt das Gericht daher, wenn Sie es nicht in Gläsern, sondern als Tellersülze servieren: Verteilen Sie dafür Fleisch und Gemüse einfach in tiefe Teller und übergießen Sie es mit dem Sud. Im Kühlschrank gelieren lassen.

Schweinelendchen in Pilzrahmsauce

Schneller als dieses dürfte kaum ein Sonntagsgericht auf den Tisch zu zaubern sein. Zudem läuft das zarte Fleisch in der cremigen Pilzsauce zu absoluter Höchstform auf.

1 Zwiebel
300 g Champignons
1 Bund Petersilie
600 g Schweinelende
4 EL Butterschmalz
Salz · Pfeffer
100 ml trockener Weißwein
125 ml Fleisch- oder Gemüsebrühe
200 g Sahne

Für 4 Portionen · Pro Portion ca. 430 kcal · 35 Min. Zubereitung

1. Die Zwiebel schälen und fein würfeln. Die Pilze putzen, wenn nötig, mit Küchenpapier trocken abreiben und in Scheiben schneiden. Petersilie waschen und trocknen, die Blättchen abzupfen und fein hacken. Das Fleisch abtupfen und in ca. 3 cm breite Stücke schneiden.

2. In einer Pfanne 2 EL Butterschmalz erhitzen. Die Filetscheiben hineinlegen und von beiden Seiten je 3–4 Min. anbraten. Salzen und pfeffern, herausnehmen und abgedeckt beiseitestellen. Restliches Butterschmalz in die Pfanne geben und die Zwiebelwürfel darin 1 Min. anbraten. Die Pilze hinzufügen und bei großer Hitze unter zeitweiligem Rühren ca. 5 Min. kräftig anbraten.

3. Mit Weißwein ablöschen, verdampfen lassen, Brühe und Sahne dazugießen und aufkochen. Die Sauce bei großer Hitze sämig einkochen. Mit Salz und Pfeffer herzhaft abschmecken. Die Petersilie unterrühren. Die Filetscheiben in der Sauce noch einmal ca. 3 Min. erhitzen. Dazu passen Spätzle oder Bandnudeln und Salat.

Gebratene Kalbsleber

mit Äpfeln und Zwiebeln

»Iss, Leber enthält viel Eisen!« – Der angebliche gesundheitliche Wert dieses Gerichts war uns früher herzlich egal. Viel wichtiger war die süßsäuerlich-würzige Mischung aus Apfel und Zwiebeln, die es zur Leber gab. Weshalb wir sie gern gegessen haben. Und das, obwohl die Eltern es wollten.

4 Scheiben frische Kalbsleber (ca. 500 g)
Pfeffer
2–3 EL Mehl
4 mittelgroße Zwiebeln
2 mittelgroße säuerliche Äpfel
3 EL Butter
2 EL Butterschmalz
Salz

Für 4 Portionen · Pro Portion ca. 340 kcal · 25 Min. Zubereitung

1. Die Leber putzen, dafür sämtliche Häutchen und Sehnen abschneiden. Die Leber mit Pfeffer würzen und in Mehl wenden. Die Zwiebeln schälen und in Ringe schneiden. Die Äpfel schälen, vierteln, Kerngehäuse entfernen und die Viertel in je 2–3 Spalten schneiden.

2. Zwei Bratpfannen gleichzeitig erhitzen. In einer Pfanne die Butter schmelzen, die Zwiebeln hineingeben und bei mittlerer Hitze in ca. 5 Min. goldgelb braten, dabei ab und zu wenden. Herausnehmen. Die Apfelspalten ins verbleibende Bratfett geben und von beiden Seiten je ca. 1 Min. anbraten. Zwiebeln erneut dazugeben.

3. In der zweiten Pfanne Butterschmalz zerlassen. Die Leber hineingeben und bei mittlerer Hitze von jeder Seite 2–3 Min. braten. Die Leber ist gar, wenn beim Hineinstechen mit einem kleinen Küchenmesser kein Blut mehr austritt. Nicht zu lange braten, da sie sonst hart wird! Die Leber erst jetzt salzen, auf vorgewärmte Teller geben und die warme Apfel-Zwiebel-Mischung darauf verteilen.

Wiener Schnitzel

Oh, die leckere gewellte Panade! Oh, das superdünne, saftige Fleisch, das sich darunter verbarg! Ach, das Schnitzel unserer Kindheit … Was wir seitdem in Kantinen und Raststätten unter diesem Namen gegessen haben, verdiente diesen Namen nicht. Hier kommt das Original wieder.

1 Zitrone
4 Kalbsschnitzel (à ca. 130 g, aus der Keule)
2 Eier
Salz · Pfeffer
60 g Mehl
120 g Semmelbrösel
8 EL Butterschmalz

Für 4 Portionen · Pro Portion ca. 415 kcal · 25 Min. Zubereitung

1. Die Zitrone heiß abwaschen und in Spalten schneiden. Die Kalbsschnitzel zwischen zwei Lagen Frischhaltefolie legen und mit einem Topf gleichmäßig dünn klopfen. Die Eier in einem Suppenteller mit etwas Salz und Pfeffer verquirlen. Mehl und Semmelbrösel jeweils auf große flache Teller geben.

2. Die Schnitzel zuerst im Mehl wenden und das überschüssige Mehl abschütteln. Die Schnitzel durch das Ei ziehen, etwas abtropfen lassen, dann von beiden Seiten locker in den Semmelbröseln wenden.

3. In zwei Bratpfannen je 4 EL Butterschmalz erhitzen (die Schnitzel müssen im Fett schwimmen). Die Schnitzel hineinlegen. Zuerst von der einen Seite in 1–2 Min. goldbraun braten, dann wenden und von der zweiten Seite goldbraun braten, dabei immer wieder mit einem Löffel Butterschmalz begießen, sodass die Panade locker aufgeht. Die Schnitzel herausnehmen, auf Küchenpapier kurz entfetten und mit den Zitronenspalten anrichten. Dazu passen Gurkensalat (siehe Seite 108) und Kartoffelsalat (siehe Seite 68).

Wiederannäherung an ein Wiener Schnitzel

Für ihren Beitrag zu unserer ewigen Lieblingsessen-Hitliste sind wir den Wienern unendlich dankbar. Obwohl die Mailänder gelegentlich den Ruhm dieser Erfindung für sich beanspruchen. Sei's drum: Erst die Wiener Küche hat das Schnitzel zu dem gemacht, was es heute ist: ein saftiges Stück Fleisch in schön welliger Panade.

Jahrelang gehörte das Wiener Schnitzel zu den unangefochtenen Lieblingen auf dem Mittagstisch. Die Freude, wenn es goldgelb auf dem Teller lag, war groß und vollkommen ungetrübt. Plötzlich aber, beinahe über Nacht, wurde es von seinem Thron gestoßen. Die geliebte Panade wurde in Grund und Boden verdammt: Fett sei sie, ungesund und böse.

Wie böse kann ein Schnitzel sein?

Fortan begegnete man Schnitzeln (vor allem in Restaurants) bevorzugt als Putenschnitzel, mit einem Tröpfchen Öl in einer beschichteten Pfanne gebraten. Kartoffelsalat gab's auch keinen mehr; stattdessen lag ein Berg grüner Blätter auf dem Teller, und Essig sowie Öl (aber bitte nur wenig!) sollte man sich selbst darüberträufeln. Das gute alte Wiener Schnitzel unserer Kindheit führte derweil ein Schattendasein an Imbissständen und Raststätten. Die Panade umhüllte es vollkommen faltenlos wie ein zu enger Nylonstrumpf, und es roch nach dem alten Frittierfett, in dem es ein Tauchbad genommen hatte.

Schluss damit! Das echte Wiener Schnitzel hat es verdient, wieder zu Ehren zu kommen. Weil es ein echter Klassiker ist – ganz zu Recht. Weil wir es alle mal vorbehaltlos geliebt haben, bevor uns ein schlechtes Gewissen in die Quere kam. Und weil uns das Wasser im Mund zusammenläuft, wenn es neben dem Kartoffel-Gurken-Salat auf dem Teller liegt, mit appetitlich gewellter Panade und verziert mit einer Zitronenspalte.

Sieben wahre Schnitzelsünden

Es muss nur gut gemacht sein. Was nicht so schwer ist und trotzdem so selten, dass man sich am besten selbst darum kümmert. Denn es gibt ein paar echte Sünden bei der Zubereitung, die man besser tunlichst vermeidet.

Sünde Nummer 1: Schweinefleisch. Als echtes Wiener Schnitzel darf sich nur eines bezeichnen, das aus Kalbfleisch geschnitten wurde. Klar, das ist teurer. Aber auch viel feiner. Jedenfalls dann, wenn das Kalb nicht auf Schnellwachstum getrimmt wurde. Am besten also bei einem Metzger kaufen, der noch weiß, wo die Tiere, die er verkauft, auf der Wiese gestanden haben.

Sünde Nummer 2: Eiskaltes Fleisch. Die Schockbehandlung von kühlschrankkalt zu pfannenheiß bekommt übrigens keinem Fleischstück. Da wird es schnell zur Schuhsohle. Deshalb: Fleisch immer mindestens 30 Minuten vor dem Verarbeiten aus der Kälte nehmen.

Sünde Nummer 3: Dicke Fleischklumpen. Ein Schnitzel will geduldig flach geklopft werden, bis es überall gleich dünn ist.

Sünde Nummer 4: Uralt-Paniermehl. Einmal die Nase hineinhalten: Hat es schon muffigen Küchenschrankgeruch angenommen? Dann lieber eine neue Packung öffnen oder gleich ein trockenes Brötchen zu Bröseln zerreiben.

Sünde Nummer 5: Am Fett sparen. Das Schnitzel muss frei schwimmen können, damit die Panade sich locker um das Fleisch wellen kann, wie es sich gehört. Schöpfen Sie zusätzlich immer mal einen Löffel Fett über die Oberfläche.

Sünde Nummer 6: Ungeduld. Man muss schon warten, bis das Fett heiß genug ist – an einem hineingehaltenen Kochlöffelstiel müssen Bläschen aufsteigen. Ist das Fett nur mäßig heiß, saugt sich die Panade voll.

Sünde Nummer 7: Schlechtes Gewissen. Das schadet dem Genuss. Wer das Schnitzel nach dem Braten kurz auf Küchenpapier abtropfen lässt, nimmt nicht wesentlich mehr Fett zu sich als mit einer Scheibe Brot, die ordentlich mit Butter bestrichen und mit Käse belegt ist. Und Salat kann es ja morgen wieder geben.

Sauerbraten

»Sauer macht lustig«, sagen die Schwaben. »Wir sind schon lustig«, sagen die Rheinländer und schmecken die Sauce zum Sauerbraten süß ab. Welcher Fraktion er angehört, darf bei diesem Rezept jeder selbst bestimmen – mit dem Zuckerlöffel.

1 kg Rinderschmorbraten (aus der Schulter)
2 Zwiebeln
je 1 TL Pimentkörner, schwarze Pfefferkörner, Senfkörner und Wacholderbeeren
3 Gewürznelken
3 Lorbeerblätter
1 l trockener Rotwein
150 ml Rotweinessig
1 große Möhre
100 g Knollensellerie
2 EL Butterschmalz
1 gehäufter EL Tomatenmark
1/2 Bund Petersilie
Salz · Pfeffer
2 TL Zucker (nach Belieben mehr)

Für 4 Portionen · Pro Portion ca. 545 kcal
1 Std. Zubereitung · 3 Tage Marinieren · 2 Std. Garen

1. Das Fleisch abtupfen und in einen großen Gefrierbeutel legen. Für die Marinade 1 Zwiebel schälen und grob würfeln. Piment, Pfeffer- und Senfkörner, Wacholder und Gewürznelken in einem Mörser grob zerstoßen. Zwiebelwürfel, Gewürze, Lorbeer, Rotwein und Essig zum Fleisch in den Gefrierbeutel geben. Den Gefrierbeutel gut verschließen. Im Kühlschrank 3 Tage durchziehen lassen.

2. Nach 3 Tagen das Fleisch aus der Marinade nehmen und mit Küchenpapier trocken tupfen. Die Marinade durch ein Sieb gießen. Die zweite Zwiebel schälen und grob würfeln. Möhre und Sellerie putzen, schälen und in grobe Stücke schneiden. In einem Bräter das Butterschmalz erhitzen. Das Fleisch hineingeben und von allen Seiten bei mittlerer Hitze ca. 8 Min. anbraten. Zwiebel-, Möhren- und Selleriewürfel dazugeben und 1–2 Min. mit anrösten. Das Tomatenmark hinzufügen und kurz mitbraten. Mit etwas Marinade ablöschen, einkochen und den Bratensatz am Boden loskratzen.

3. Wieder etwas Marinade dazugießen, aufkochen. Bei kleiner Hitze mit geschlossenem Deckel schmoren, dabei immer wieder etwas Marinade dazugießen, sodass immer nur ca. 2 cm hoch Flüssigkeit im Bräter steht. Das Fleisch hin und wieder wenden. Nach 1,5 Std. mit einer Fleischgabel hineinstechen. Lässt sich die Gabel leicht herausziehen, ist der Braten gar. Geht die Gabel nur schwer heraus, das Fleisch noch weitere 30 Min. schmoren.

4. Inzwischen die Petersilie waschen, trocken schütteln, Blättchen fein hacken. Den Braten aus dem Bräter nehmen und abgedeckt warm stellen. Die Sauce durch ein Sieb in einen kleinen Topf passieren. Aufkochen, evtl. etwas einkochen, dann mit Salz, Pfeffer und Zucker abschmecken. Den Braten in Scheiben schneiden, mit Petersilie bestreuen und mit der Sauce servieren. Dazu passen Spätzle.

Rindergulasch

*Was lange schmort, wird endlich unvergleichlich aromatisch.
Das ist das ganze Geheimnis des besten aller möglichen Gulaschs. Ach ja, und die Zitronenschale, die dem Ganzen bei aller pikanten Würze einen Hauch Leichtigkeit verleiht.*

600 g Zwiebeln
750 g Rindfleisch zum Schmoren (z. B. aus der Oberschale)
3 EL neutrales Pflanzenöl
Salz · Pfeffer
2 EL Tomatenmark
2 EL edelsüßes Paprikapulver
500 ml trockener Rotwein
250 ml Fleischbrühe
1 TL Kümmelsamen
2 Lorbeerblätter
6 Pimentkörner
Schale von 1 Bio-Zitrone
1–2 TL rosenscharfes Paprikapulver oder Cayennepfeffer

Für 4 Portionen · Pro Portion ca. 460 kcal
40 Min. Zubereitung · 2 Std. Garen

1. Die Zwiebeln schälen und fein würfeln. Das Fleisch abtupfen, von Häutchen und Sehnen befreien. In ca. 3 cm große Stücke schneiden. In einem Bräter das Öl erhitzen. Das Fleisch hineingeben und bei großer Hitze ca. 5 Min. kräftig anbraten, dabei ein- bis zweimal wenden. Salzen und pfeffern, dann das Fleisch aus dem Bräter nehmen.

2. Die Zwiebelwürfel im verbleibenden Bratfett bei kleiner Hitze glasig schwitzen. Das Tomatenmark unterrühren. Das Fleisch dazugeben, mit Paprikapulver bestäuben. Mit ca. 150 ml Rotwein ablöschen, aufkochen und kurz einkochen, bis die Flüssigkeit fast verdampft ist. Wieder ca. 150 ml Rotwein dazugießen und fast einkochen, dann den übrigen Wein und die Brühe angießen. Aufkochen. Den Kümmel grob mörsern oder klein hacken und mit Lorbeerblättern und Piment zum Fleisch geben. Im geschlossenen Topf ca. 2 Std. bei kleiner Hitze schmoren, dabei ab und zu umrühren.

3. Die Zitronenschale ganz fein hacken und unter das Fleisch rühren. Das Gulasch herzhaft mit Salz, süßem und scharfem Paprikapulver oder Cayennepfeffer abschmecken.

Einkaufstipp

Langes, sanftes **Schmoren** ist die beste Zubereitungsart für die Teile von Rind und Schwein, die durch ständige Bewegung feste Muskelfasern ausgebildet haben. Zum Kurzbraten sind sie ungeeignet – sie würden zäh und hart werden. Schmurgeln sie dagegen lange in Flüssigkeit, dann lockert sich das Bindegewebe allmählich, das Fleisch wird wunderbar mürbe und entwickelt ein tolles Aroma.
Als **Oberschale** bezeichnet man ein Stück aus der Rinderkeule. Ebenso für Gulasch geeignet sind Unterschale, Wade oder das Bugstück, ein Teil der Schulter. Lassen Sie sich am besten vom Metzger beraten, welches Stück er empfiehlt.

Rinderrouladen

Überraschungs-Fleischpäckchen: Was drin war, konnte nach Lust und Laune der Köchin schon mal variieren. Hier hält Speck die Rollen saftig, Gurken und Senf sorgen für die pikant-säuerliche Note. Zu Recht ein Klassiker unter den Rouladenfüllungen!

6 Cornichons
4 Scheiben Rindfleisch aus der Oberschale (à ca. 160 g, dünn geschnitten)
Salz · Pfeffer
4 TL scharfer Senf
8 dünne Scheiben Schinkenspeck
1 Zwiebel
2 EL neutrales Pflanzenöl
2 TL Mehl
2 TL Tomatenmark
200 ml trockener Rotwein
500 ml Fleischbrühe
1 Lorbeerblatt
2 TL kalte Butter

Außerdem:
Rouladennadeln, Zahnstocher oder Küchengarn

Für 4 Portionen · Pro Portion ca. 515 kcal
30 Min. Zubereitung · 1 Std. 20 Min. Garen

1. Die Cornichons in Scheiben schneiden. Die Fleischscheiben nebeneinander auf die Arbeitsfläche legen, salzen und pfeffern. Mit je 1 TL Senf bestreichen. Speckscheiben darauflegen und die Gurkenscheiben darauf verteilen. Die Fleischscheiben aufrollen und mit Küchengarn binden oder mit Rouladennadeln oder Zahnstochern feststecken.

2. Die Zwiebel schälen und fein würfeln. Das Öl in einem Bräter oder weiten Topf erhitzen. Rouladen von außen salzen, pfeffern und dünn mit Mehl bestäuben. Die Rouladen von allen Seiten bei großer Hitze 1–2 Min. anbraten. Zwiebelwürfel dazugeben und kurz mitrösten. Tomatenmark dazugeben und unterrühren, dann mit der Hälfte des Rotweins ablöschen. Einkochen, dann ein weiteres Mal mit dem Rotwein ablöschen. Brühe dazugießen, Lorbeerblatt dazugeben und alles aufkochen. Im geschlossenen Bräter bei kleiner Hitze ca. 1 Std. 20 Min. leise kochen lassen.

3. Die gegarten Rouladen aus dem Bratenfond nehmen und abgedeckt warm halten. Den Bratenfond durch ein Sieb passieren und auf ca. 200 ml Sauce einkochen. Die kalte Butter in Flöckchen mit einem Schneebesen einrühren. Die Sauce mit Salz und Pfeffer abschmecken. Dazu passen Bandnudeln.

Küchenhelfertipp

Die einen schwören auf Küchengarn, die anderen auf Rouladennadeln. Neben diesen zwei klassischen Möglichkeiten, die Rouladen beim Schmoren vor dem Aufgehen zu bewahren, gibt es aber inzwischen noch eine dritte: **Rouladenklammern.** Sie lassen sich ohne Geknote und Gepikse mit einem Handgriff um die Rouladen klemmen und halten Fleisch und Füllung fest umschlossen. Übrigens lassen sie sich auch für Krautwickel (siehe Seite 75) prima verwenden.

Gerollt, geschmort, geliebt: Rouladen

Rouladen essen war immer wie Geschenke auspacken: zuerst ein Augenblick der Vorfreude, wenn das duftende Fleischpäckchen vor einem lag, dann das vorsichtige Abwickeln von Küchengarn und schließlich der erste Schnitt, der endlich die Füllung offenbarte.

Natürlich hatte jede Familie ein paar Rouladentraditionen: Füllungen, die immer wieder in den Röllchen auftauchten, weil alle sie besonders gern mochten. Die klassische Version mit Speck und Gurken gehörte fast überall dazu; häufig auch mit dünnen Scheiben von fettem Speck belegt statt wie in unserem Rezept mit Schinkenspeck. Der hält nämlich das Fleisch besonders saftig, auch wenn er nicht jedermanns Sache ist.
In anderen Familien wurde die Roulade mit Kalbsbrät und Lauchstreifen gefüllt – eine üppige Feiertagsvariante. Salamischeiben mit Zwiebeln gehörten ebenfalls zum Füllungsrepertoire. Daran zeigt sich vor allem eins: dass Rouladen zum Experimentieren einladen. Warum also nicht mal gegrillte, gehäutete Paprikaschoten einwickeln? Oder eine Farce aus klein gewürfelten und gebratenen Zwiebeln und Champignons? Und da wir gerade dabei sind: Auch das Fleisch muss nicht notwendigerweise vom erwachsenen Rind kommen. Puten- oder Kalbsröllchen erweitern den Rouladenhorizont (und sind nach dem Anbraten in ca. 15 Min. fertig gegart).

Die Sehnsucht nach dem Schmorgeruch

Aber so nett Kalbsröllchen oder Putenrouladen zur Abwechslung auch sind: Richtige Rinderrouladen besitzen einen unschätzbaren Vorteil. Sie müssen nämlich lange schmoren. Klingt nicht nach Vorteil? Aber duftet danach! Richtige Schmorgerichte, die lange auf dem Herd (oder im Backofen) ihrer mürben Vollendung entgegengaren, erfüllen die Küche mit einem so heimeligen Geruch wie wenig anderes. Na gut, Hefekuchen vielleicht noch. Aber das ist ein anderes Kapitel (das wir ab Seite 172 ausführlich vorstellen).
Für alle Schmorgerichte gilt: Sie benötigen einen weiten Topf oder Bräter mit einem gut schließenden Deckel, damit nicht zu schnell zu viel Flüssigkeit als Dampf entfleucht. Falls Sie einen schweren gusseisernen Bräter haben, womöglich sogar ein Erbstück – wunderbar. Denn bei dickem Gusseisen verteilt sich die Hitze besonders gleichmäßig über Boden und Wände, und die Fleischsauna ist perfekt. Dafür darf dann auch der Herd nach dem Aufkochen auf kleinste Hitze heruntergeschaltet werden. Die Flüssigkeit soll nicht die ganze Zeit sprudelnd kochen, sondern nur sanft schmurgeln. Ein weiterer Vorteil des Schmorens: Die Röststoffe, die sich beim Fleischanbraten gebildet haben, haben viel, viel Zeit, sich mit Wein, Brühe und Zwiebeln zu einer wunderbar aromatischen Saucenbasis zu verbinden. Sofern jedenfalls immer genügend Flüssigkeit im Bräter oder Topf bleibt. Schauen Sie ruhig gelegentlich nach, und wenn zu viel verdampft ist, gießen Sie mit (heißer) Brühe oder kochendem Wasser auf.

Aber bitte mit (richtig viel) Sauce!

Denn das Allerwichtigste an fast allen Fleischgerichten – das fanden wir schon als Kinder –, das ist die Sauce. Weshalb es davon genug geben sollte. Jede Mutter hatte früher ein paar Saucenverlängerungstricks im Repertoire: Brühe oder Fond tun dafür immer gute Dienste. Wer die Sauce besonders fruchtig mag, gibt passierte Tomaten zu. Cremig wird's mit Sahne oder Crème fraîche – aber das passt dann besser zu Kalb oder Pute als zu den klassischen Rinderrouladen.
Eine besonders sämige Sauce erhalten Sie dagegen, wenn in den Bräter zu den Rouladen noch geputztes, gewürfeltes Suppengrün kommt. Passieren Sie das weich gekochte Gemüse zum Schluss durch ein Sieb oder durch die Flotte Lotte, die Passiermühle, so ist die Sauce schon beinahe fertig. Das Gemüse sorgt nicht nur für besonders vollen Geschmack, sondern auch für die Bindung: damit sich die Sauce auf dem Teller perfekt an die Rouladen schmiegt.

Tafelspitz

mit Bouillongemüse

Aus Österreichs Küchen stammt es, das Stück Rindfleisch, das ganz sanft und langsam seiner Perfektion entgegensiedet. Und uns dadurch auch noch mit würziger Brühe beschenkt, die entweder, wie hier, gleich dazu oder aber als feine Vorsuppe serviert wird.

800 g Tafelspitz
500 g Rindfleischknochen
2 Lorbeerblätter
2 Pimentkörner
2 Gewürznelken
1 TL schwarze Pfefferkörner
5 Möhren (ca. 300 g)
250 g Knollensellerie
2 Stangen Lauch
1 Bund Petersilie
600 g festkochende Kartoffeln
Salz · Pfeffer

Für 4 Portionen · Pro Portion ca. 495 kcal
1 Std. 20 Min. Zubereitung · 2 Std. 30 Min. Garen

1. Das Fleisch abtupfen und die Knochen abspülen. Reichlich Wasser in einem großen Topf aufkochen und die Knochen hineingeben. Aufkochen, dann in ein Sieb abgießen. Die Knochen abspülen und erneut im Topf mit Wasser bedecken. Aufkochen, dabei den Schaum abschöpfen. Den Tafelspitz, Lorbeerblätter und Gewürze hineingeben. Den Tafelspitz im geschlossenen Topf insgesamt 2 bis 2 Std. 30 Min. leise kochen lassen, dabei hin und wieder den Schaum abschöpfen.

2. Inzwischen das Gemüse putzen. 2 Möhren und ca. 100 g Sellerie putzen und schälen. 1 Stange Lauch putzen, der Länge nach aufschlitzen, gründlich waschen und in 3–4 Stücke schneiden. Petersilie waschen, trocken schütteln, die Blättchen abzupfen und beiseitelegen. Gemüse und Petersilienstängel nach 1 Std. 30 Min. zum Fleisch in den Topf geben und mitgaren lassen.

3. Restliches Gemüse und Kartoffeln putzen, waschen, schälen und in mundgerechte Stücke schneiden. Petersilienblättchen fein hacken. Nach 2 Std. Garzeit prüfen, ob der Tafelspitz fertig ist: Mit einer Fleischgabel hineinstechen. Lässt sich die Gabel leicht wieder herausziehen, ist das Fleisch gar. Ist es noch sehr fest, weitere 30 Min. kochen lassen. Sobald es fertig ist, das Fleisch herausnehmen und in Frischhaltefolie wickeln, damit es an der Oberfläche nicht austrocknet.

4. Die Knochen mit einer Schaumkelle herausnehmen, Brühe durch ein feines Sieb in einen zweiten Topf gießen (ausgekochtes Gemüse wegwerfen) und aufkochen. Klein geschnittenes Gemüse hineingeben und in 8–10 Min. bissfest garen. Brühe mit Salz und Pfeffer abschmecken. Den Tafelspitz von der spitzen Seite her gegen die Faser in Scheiben schneiden. Gehackte Petersilie unter das Gemüse mischen, dieses mit Tafelspitz und etwas Brühe in tiefen Tellern anrichten. ➛

Variante: Tafelspitz mit Meerrettichsauce

Wer den Tafelspitz lieber mit Meerrettichsauce statt in der Brühe servieren möchte, kann auf das Auskochen der Knochen verzichten. Legen Sie den Tafelspitz einfach mit Lorbeer und Gewürzen in kochendes Wasser und garen Sie ihn darin. Für die Sauce 30 g Butter in einem kleinen Topf aufschäumen. 20 g Mehl einrühren und farblos anschwitzen. 200 ml kalte Milch unter Rühren dazugießen, dann 200 ml Tafelspitzbrühe dazugießen. Aufkochen, ca. 5 Min. kochen lassen. Ca. 60 g Meerrettich schälen, fein reiben und unter die Sauce rühren (ersatzweise 2–3 EL geriebenen Meerrettich aus dem Glas nehmen). Die Sauce mit Salz, Pfeffer und Zitronensaft abschmecken und zu dem Fleisch servieren.

Noch mehr Meerrettich

Meerrettich ist ein unbestrittener Traumpartner für den Tafelspitz, weil er dem milden, zarten Fleisch Frische und Schärfe verleiht. In Österreich isst man ihn gerne als **Apfelkren:** 3 säuerliche Äpfel schälen, vierteln und ohne Kerngehäuse in eine Schüssel reiben. Sofort mit 2 EL Zitronensaft mischen. Ein Stück Meerrettich (ca. 5 cm) schälen und dazureiben. Alles mischen, mit Salz, Zucker und Zitronensaft abschmecken. Achtung: Meerrettich kann je nach Frische sehr unterschiedlich scharf sein. Daher lieber zwischendurch schon mal probieren, bevor Sie die ganze Portion reiben!

Schnittlauchsauce

1 Brötchen vom Vortag mit 250 ml Milch übergießen und einweichen. Gut ausdrücken und mit den Eigelben von 2 hart gekochten Eiern, 2 EL Weißweinessig und 5 EL Öl in eine hohe Schüssel geben. Mit dem Pürierstab zu einer glatten Sauce pürieren. 1 Bund Schnittlauch waschen, trocken schütteln, in feine Röllchen schneiden und untermischen. Die Sauce mit Salz, Pfeffer und Zucker abschmecken.

Brathähnchen

Das salzig-zitronige Aroma des Knuspervogels sorgt schon dafür, dass nichts übrig bleibt. Und wenn man wie früher den Schenkel in die Hand nimmt und bis auf das letzte Restchen abknabbert, dann fühlt man sich so richtig in die Vergangenheit versetzt.

1 Bio-Zitrone
4–6 Zweige Thymian
80 g Butter
2 TL rosenscharfes Paprikapulver
Salz · Pfeffer
1 küchenfertiges Hähnchen (ca. 1,5 kg)

Für 4 Portionen · Pro Portion ca. 620 kcal
25 Min. Zubereitung · 1 Std. 10 Min. Garen

1. Die Zitrone heiß abwaschen, abtrocknen, die Schale fein abreiben und den Saft auspressen. Thymian waschen und trocken schütteln, die Blättchen abzupfen. Weiche Butter in eine Schüssel geben, mit Zitronensaft und -schale, Thymianblättchen, Paprika, 1/2 TL Salz und Pfeffer vermischen. Den Backofen auf 220° (Umluft 200°) vorheizen.

2. Das Hähnchen unter fließend kaltem Wasser gründlich innen und außen abspülen und trocken tupfen. Die Haut am Hals nach oben ziehen, die Finger vorsichtig zwischen Haut und Brustfleisch schieben und die Haut von der Brust lösen. Die Butter unter der Haut verteilen und das Hähnchen innen und außen mit Salz und Pfeffer würzen. In eine ofenfeste Schale geben und in den Ofen (unten) schieben. In 60–70 Min. knusprig braten, dabei zwischendurch mehrmals mit dem sich bildenden Fleischsaft begießen.

Hühnerfrikassee

Wanderte ein Huhn in den Topf, um Brühe daraus zu kochen, gab es ganz sicher am nächsten Tag Frikassee aus dem Fleisch. Der Spargel kam meist aus dem Glas. Viel besser schmeckt das Gericht allerdings in der Saison mit frischen Stangen.

1 Hähnchen (ca. 1,2 kg)
Salz · 1 Zwiebel
1 Bund Suppengrün
2 Lorbeerblätter
3 Gewürznelken
5 Wacholderbeeren
500 g weißer Spargel
200 g weiße Champignons
80 g Butter
60 g Mehl
125 ml trockener Weißwein
100 g Erbsen (TK)
200 g Sahne
2–3 EL Zitronensaft
Pfeffer
1 Bund Petersilie

Für 4 Portionen · Pro Portion ca. 770 kcal
1 Std. 40 Min. Zubereitung · 1 Std. 30 Min. Garen

1. Das Hähnchen innen und außen gründlich kalt abspülen. In einem großen Topf ca. 2 l Wasser aufkochen, 1 TL Salz dazugeben und das Hähnchen hineinlegen. Wieder zum Kochen bringen. Die Zwiebel schälen und vierteln, das Suppengrün putzen, waschen, schälen und in grobe Stücke schneiden. Zwiebel, Suppengrün, Lorbeer, Gewürznelken und Wacholder zum Hähnchen geben. Im geschlossenen Topf bei kleiner Hitze 1 Std. 30 Min. leicht köcheln lassen.

2. Das Hähnchen herausheben und einige Min. abkühlen lassen. Das Fleisch ablösen und ohne Haut in mundgerechte Stücke schneiden. Abgedeckt beiseitestellen. Die Brühe durch ein feines Sieb in einen Topf gießen, mit Küchenpapier entfetten und auf ca. 1 l einkochen.

3. Die Enden der Spargelstangen abschneiden, Stangen schälen und in ca. 4 cm lange Stücke schneiden. Die Champignons putzen, trocken abreiben und in Scheiben schneiden. 250 ml von der Brühe in einem kleinen Topf aufkochen und den Spargel darin in ca. 8 Min. bissfest kochen. Spargel herausheben und beiseitestellen, die Brühe wieder zu der restlichen abgemessenen Flüssigkeit geben. In einer Pfanne 20 g (= 2 EL) von der Butter erhitzen und die Champignons darin ca. 5 Min. bei mittlerer Hitze andünsten, salzen und pfeffern.

4. Restliche Butter in einem Topf schmelzen. Mehl unterrühren und hell anschwitzen. Mit Weißwein ablöschen, dabei mit einem Schneebesen rühren, sodass keine Klümpchen entstehen. Dann unter Rühren die Hälfte der erkalteten Hühnerbrühe zugeben. Aufkochen und die restliche Hühnerbrühe dazugießen. Hühnerfleisch, Spargel, Champignons, Erbsen und Sahne dazugeben und alles einmal aufkochen. Die Sauce kräftig mit Zitronensaft, Salz und Pfeffer abschmecken. Petersilie waschen, trocken schütteln und Blättchen fein hacken. Über das Frikassee streuen. Dazu passt körnig gekochter Reis.

Geschmorte Gänsekeulen

Bis zum Martinstag am 11. November watschelten früher die Gänse über die Bauernhöfe, um dann nach und nach zu verschwinden und als deftige Winterbraten auf den Tisch zu kommen. Aber es muss nicht immer der ganze Vogel sein: Die Keulen lassen sich mit weniger Aufwand zubereiten.

2 große Zwiebeln
1 Bund Suppengrün
1 großer säuerlicher Apfel
4 kleine Gänsekeulen (à ca. 400 g)
3 EL Butterschmalz
Salz · Pfeffer
250 ml trockener Rotwein
400 ml Geflügelfond (aus dem Glas)
2 kleine Zweige Rosmarin
2 Lorbeerblätter
2–3 TL Speisestärke
1–2 Prisen Zucker

Für 4 Portionen · Pro Portion ca. 795 kcal
50 Min. Zubereitung · 2 Std. Garen

1. Die Zwiebeln schälen und grob würfeln. Das Suppengrün putzen, waschen, schälen und in grobe Stücke schneiden. Den Apfel schälen, vierteln, Kerngehäuse entfernen. Die Gänsekeulen kalt abspülen und trocken tupfen. Das sichtbare Fett auf der Keulenunterseite wegschneiden. Das Butterschmalz in einem Bräter erhitzen, Keulen hineingeben und bei mittlerer Hitze rundherum ca. 10 Min. anbraten. Salzen und pfeffern, herausnehmen. Bratfett bis auf 3 EL wegschütten.

2. Den Backofen auf 200° (Umluft 180°) vorheizen. Die Zwiebelwürfel und das Suppengrün in das verbleibende Bratfett geben und ca. 3 Min. anrösten. Apfelviertel hinzufügen. Mit Rotwein ablöschen und den Bratensatz mit einem Pfannenwender vom Boden des Bräters lösen. Den Wein etwas einkochen, dann den Geflügelfond und 100 ml Wasser dazugießen und aufkochen. Die Keulen hineinlegen. Den Rosmarin waschen und mit den Lorbeerblättern dazugeben.

3. Den Bräter verschließen und in den Ofen schieben. Die Keulen 1 Std. 30 Min. garen, dabei zwischendurch 3- bis 4-mal wenden, sodass sie gleichmäßig in der Flüssigkeit liegen. Den Deckel abnehmen und die Keulen weitere 20 Min. offen garen, dabei 2- bis 3-mal mit der Sauce begießen. Weitere 10 Min. offen garen, ohne das Fleisch zu übergießen, sodass die Haut knusprig werden kann. Die Keulen herausheben und abgedeckt warm stellen.

4. Die Sauce durch ein Sieb in einen kleinen Topf gießen, dabei die Rückstände im Sieb gut ausdrücken. Die Sauce bei großer Hitze einkochen. Die Stärke mit 2–3 EL Wasser anrühren, in die kochende Flüssigkeit gießen, einmal aufkochen, sodass die Sauce andickt. Mit Zucker, Salz und Pfeffer abschmecken. Dazu passen Rotkohl (siehe Seite 49) und Kartoffelknödel (siehe Seite 38).

Matjes Hausfrauenart

Welche Hausfrau den jungen, mild eingesalzenen Hering zuerst in Sauerrahm mit Äpfeln einlegte, weiß wohl niemand mehr. Ob sie den Siegeszug ihres Rezepts noch mitbekommen hat? Senden wir ihr einen stummen Dank gen Himmel, wenn wir den zarten Fisch genießen!

250 g Schmand
150 g Naturjoghurt
150 g Mayonnaise
1–2 TL mittelscharfer Senf
2 rote säuerliche Äpfel
2 kleine Zwiebeln
150 g Cornichons (aus dem Glas) und etwas Gurkensud
Salz · Pfeffer
1–2 Prisen Zucker
4 Matjes-Doppelfilets

Für 4 Portionen · Pro Portion ca. 930 kcal
25 Min. Zubereitung · 1 Std. Durchziehen

1. Schmand, Joghurt, Mayonnaise und Senf verrühren. Äpfel waschen, abtrocknen, vierteln, das Kerngehäuse entfernen und die Viertel in feine Scheibchen schneiden. Zwiebeln schälen und in feine Ringe schneiden. Cornichons in dünne Scheiben schneiden. Apfelscheibchen, Zwiebel- und Gurkenwürfel unter die Schmandsauce rühren. Mit 1–2 EL Gurkensud, Salz, Pfeffer und Zucker abschmecken.

2. Die Matjesfilets abspülen und trocken tupfen. Eventuell noch vorhandene Gräten entfernen. Um sie zu erspüren, am besten mit dem Finger über die Filets streichen. Den Matjes in ca. 2 cm lange Stücke schneiden. Unter die Sauce mischen und mind. 1 Std. durchziehen lassen. Dazu passen Pellkartoffeln.

Variante: Matjes mit Speckstippe

Für die Speckstippe 250 g mageren, luftgetrockneten Speck in feine Würfel schneiden. 100 g Butter in einer Pfanne schmelzen lassen und den Speck in ca. 5 Min. darin knusprig ausbraten. Inzwischen 2 große Zwiebeln schälen und fein würfeln. Zum Speck geben und in weiteren 3–5 Min. goldbraun braten. Mit Pfeffer würzen. 4 Matjes-Doppelfilets abspülen und trocken tupfen, wenn nötig, Gräten entfernen. Die Speckstippe zu den Matjesfilets reichen.

Einkaufstipp

Gute Matjesfilets sind cremeweiß oder zartrosa und haben außen einen Silberschimmer. Außerdem sollen sie frisch duften. Wenn sie bräunlich aussehen und durchdringend riechen – Finger weg!

Bild links:
Matjes Hausfrauenart

Bild oben:
Der Apfel sorgt für Säure – und für Farbe.
Bild unten:
Besonders würzig: Speckstippe zum Matjes

Matjes: fein in der Saison

Im **Mai und Juni** kommen die eingesalzenen und kurz gereiften Heringe auf den Markt. Tiefgefroren gibt es sie zwar das ganze Jahr zu kaufen, aber die frischen Filets sind so gut, dass ihretwegen an der Küste sogar Feste gefeiert werden. Feiern Sie doch mal Ihr persönliches Matjesfest mit diesen Rezepten!

Gebratene
grüne Heringe

Großmutter benutzte für die grünen Heringe, und nur für die, eine eigene Pfanne. Das schwere gusseiserne Gerät wurde nach dem Braten nur ausgewischt und bis zum nächsten Mal weggestellt. Darin wurden die Fische besonders aromatisch, schwor sie. Wir finden: Diese sind auch schon ziemlich gut – in einer normalen Pfanne zubereitet.

1/2 Bund Petersilie
8 frische (grüne) Heringe (vom Fischhändler die Mittelgräte entfernen lassen)
4 EL Zitronensaft
Salz · Pfeffer
4 EL Mehl
4 EL Butterschmalz

Für 4 Portionen · Pro Portion ca. 765 kcal · 25 Min. Zubereitung

1. Die Petersilie waschen, trocken schütteln, die Blättchen fein hacken. Die Heringe gründlich kalt abspülen, trocken tupfen, mit Zitronensaft beträufeln und innen und außen mit Salz und Pfeffer würzen. Die Heringe wieder zusammenklappen. Das Mehl in einen Teller geben, die Heringe darin wenden, das überschüssige Mehl abschütteln.

2. Das Fett in zwei großen Pfannen erhitzen (wer nur eine große Pfanne hat, brät die Heringe portionsweise und stellt die fertigen Fische im auf 100° vorgeheizten Backofen warm). Die Heringe im heißen Fett bei mittlerer Hitze in ca. 4 Min. goldbraun braten, wenden und von der zweiten Seite ebenfalls in ca. 4 Min. knusprig braun braten. Mit der Petersilie bestreuen. Dazu passen Bratkartoffeln (siehe Seite 28) oder Kartoffelsalat (siehe Seite 68).

Aromatipp
Wer die Heringe heiß isst, nimmt des Geschmacks wegen **Butterschmalz** zum Braten; für eingelegte Bratheringe dagegen lieber Öl.

Eingelegte

Bratheringe

Praktisch: Wer gleich die doppelte Menge Fische brät, kann die eine Hälfte heiß aus der Pfanne essen und die andere einlegen. Das verlängert den Heringsgenuss und erhöht ihn nach zwei Tagen um eine wunderbar herzhaft-säuerliche Note.

Für die Bratheringe:
8 Heringsfilets
Salz · Pfeffer
4 EL Mehl
4 EL neutrales Pflanzenöl

Für die Marinade:
2 große Zwiebeln
je 1 TL schwarze Pfefferkörner, Wacholderbeeren und Pimentkörner
1 Bund Dill
250 ml Weißweinessig
200 g Zucker

Für 4 Portionen · Pro Portion ca. 770 kcal
45 Min. Zubereitung · 1–2 Tage Durchziehen

1. Heringsfilets kalt abspülen, trocken tupfen, salzen und pfeffern. Das Mehl auf einen flachen Teller geben, die Filets darin wenden und überschüssiges Mehl abschütteln. 2 EL Öl in einer Pfanne erhitzen. 4 Filets darin bei mittlerer Hitze in ca. 2 Min. pro Seite knusprig braun braten. Die restlichen Filets im übrigen Öl ebenso braten.

2. Für die Marinade die Zwiebeln schälen und in feine Ringe schneiden. Pfeffer, Wacholder und Piment im Mörser grob zerstoßen. Dill waschen, trocken schütteln und ohne grobe Stängel hacken. 700 ml Wasser mit Essig, Zucker, Zwiebelringen und Gewürzen aufkochen, bis sich der Zucker gelöst hat. Dann die Marinade ganz abkühlen lassen. Dill unterrühren.

3. Die Hälfte der gebratenen Heringe in eine längliche Schale legen und mit der Hälfte der Marinade (mit Zwiebeln und Gewürzen) begießen. Die übrigen Heringe darauflegen und mit der restlichen Marinade begießen. Die Heringe abgedeckt im Kühlschrank 1–2 Tage durchziehen lassen.

Backfisch

mit Gurkensalat

Viel wichtiger als der Fisch innen drin war für uns Kinder früher das Drumherum: die goldgelbe, knusprig gebackene Teighülle. Heute schätzen wir daran außerdem, dass sie die Fischstückchen schön saftig hält. Einfach eine unschlagbare Kombination!

2 Salatgurken
Salz
2 Eier (Größe M)
180 g Mehl
180 ml Bier
150 g saure Sahne
3 EL Weißwein- oder Kräuteressig
1 Prise Zucker
Pfeffer
4 EL neutrales Pflanzenöl
1 Bund Dill
4 feste, weiße Fischfilets (à ca. 150 g, z. B. Seelachs)
1 EL Zitronensaft
neutrales Pflanzenöl zum Frittieren

Für 4 Portionen · Pro Portion ca. 620 kcal
1 Std. 30 Min. Zubereitung

1. Die Gurken waschen und trocknen, nach Belieben schälen und auf einem Gemüsehobel in dünne Scheibchen hobeln. In eine Schüssel geben, mit Salz mischen und 30 Min. Wasser ziehen lassen.

2. Für den Backteig die Eier trennen. Das Mehl mit den Eigelben, Bier und 1/2 TL Salz rasch glatt rühren (sollten sich Klumpen bilden, mit dem Pürierstab kurz durchmixen). Den Teig 30 Min. quellen lassen.

3. Inzwischen für die Salatsauce saure Sahne, Essig, Zucker, Pfeffer und Öl verrühren. Dill waschen, trocken schütteln, ohne grobe Stängel fein hacken und unterrühren. Die Gurkenscheiben mit den Händen gut ausdrücken und mit der Salatsauce vermischen. Mit Salz und Pfeffer abschmecken.

4. Die Eiweiße sehr steif schlagen und behutsam unter den Teig heben. Die Fischfilets kalt abspülen, trocken tupfen. Falls nötig, restliche Gräten entfernen. Die Filets mit Zitronensaft beträufeln, salzen und pfeffern. Das Öl zum Frittieren in einem Topf erhitzen, bis an einem hineingetauchten Holzlöffelstiel Bläschen hochsteigen.

5. Die Filets portionsweise durch den Backteig ziehen und etwas abtropfen lassen. Dann ins heiße Öl geben und in 6–8 Min. goldbraun ausbacken, dabei zwischendurch wenden. Mit einer Schaumkelle herausnehmen, gut abtropfen lassen und zum Entfetten auf Küchenpapier legen. Mit dem Gurkensalat servieren.

Gelingtipp

Achten Sie darauf, nicht zu viele Fischstücke auf einmal zu **frittieren.** Sie kühlen das Öl zu stark ab, die Poren des Teigs werden nicht sofort geschlossen, und der Fisch saugt sich mit Fett voll.

Pannfisch

Den Norddeutschen ein besonders tiefes Verständnis für Fisch zu unterstellen ist sicher nicht übertrieben. Das lässt sich schließlich daran ablesen, was sie aus dem Klassiker Kochfisch mit Senfsauce gemacht haben: In der Pfanne verbinden sich Fisch, Kartoffeln und Senf zu einem saftigen Miteinander. Bodenständig – und unglaublich gut.

1 große Zwiebel
800 ml Fischfond (aus dem Glas)
3 EL Weißweinessig
Salz
2 Lorbeerblätter
je 1 TL schwarze Pfefferkörner und Senfkörner
1 kg weißer Fisch (Lengfisch, Dorsch oder Kabeljau, am Stück mit Haut und Gräten)
800 g gekochte Pellkartoffeln (vom Vortag)
1 EL Butterschmalz
Pfeffer
4 EL kalte Butter
2–3 EL mittelscharfer Senf
je 1/2 Bund Petersilie und Dill

Für 4 Portionen · Pro Portion ca. 385 kcal
1 Std. 20 Min. Zubereitung

1. Die Zwiebel schälen und vierteln. Mit Fischfond, Essig, 1/2 TL Salz, Lorbeer, Pfeffer- und Senfkörnern aufkochen. Den Fisch kalt abspülen und in den heißen Sud legen. 15 Min. abgedeckt auf kleinster Hitze gar ziehen lassen. Mit einer Schaumkelle herausheben und abgedeckt etwas abkühlen lassen. Den Sud auf knapp die Hälfte einkochen, durch ein Sieb gießen und 300 ml abmessen.

2. Die Kartoffeln pellen und in Scheiben schneiden. Das Butterschmalz in einer sehr großen, weiten Pfanne erhitzen und die Kartoffeln darin in ca. 10 Min. knusprig braten. Die Kartoffeln ab und zu wenden, sodass sie gleichmäßig bräunen, und mit Salz und Pfeffer würzen. Den Fisch häuten, das Filet von den Gräten lösen und in mundgerechte Stücke schneiden. Die Fischstücke zu den Kartoffeln geben und vorsichtig unterheben.

3. Den abgemessenen Fischsud erneut aufkochen. Kalte Butter in Stückchen schneiden und mit einem Schneebesen in den kochenden Sud einrühren, sodass er leicht bindet. Den Topf vom Herd nehmen, den Senf unterrühren und die Sauce herzhaft mit Salz und Pfeffer abschmecken. Die Sauce zu Kartoffeln und Fisch in die Pfanne gießen und bei kleiner Hitze ca. 5 Min. durchziehen lassen. Petersilie und Dill waschen, trocken schütteln und die Blättchen fein hacken. Den Pannfisch mit den Kräutern bestreut servieren.

Gelingtipp

Wenn Sie keine große Pfanne mit hohem Rand besitzen, nehmen Sie am besten zwei Pfannen. Dann lässt sich alles leicht unterheben.

... immer wieder freitags:

Fisch

Eigentlich darf man sich bei der Kirche bedanken: Denn dass landauf, landab in der Regel wenigstens einmal in der Woche Fisch auf den Tisch kam, liegt an ihrem freitäglichen Fastenge- und damit Fleischverbot.

Andererseits hat genau das dem Fisch auch ein Imageproblem beschert: Fleisch wollte man, Fisch musste man essen. Kein Wunder, dass so manches Kind beschloss, sicherheitshalber alles abzulehnen, was Flossen (und Gräten) besaß. Oder lag der Widerwille womöglich daran, dass zumindest abseits der Küsten häufig das Verständnis für den Fisch fehlte? Getreu dem Grundsatz »Was für Fleisch gut ist, kann für Fisch nicht schlecht sein« wurden Dorsch und Butt stundenlang gekocht, bis ihr zartes Fleisch trocken geworden war.
Vielleicht war die Erfindung des Fischstäbchens die letzte Rettung für eine schwierig gewordene kulinarische Beziehung. Auf einmal sah der Fisch nicht mehr aus wie Fisch, er besaß keine Gräten, dafür aber eine knusprige Panade – die ihn ganz nebenbei auch vor dem Austrocknen bewahrte. Die Zeit war reif für eine Wiederannäherung. Zum Glück! Denn eigentlich gibt es auch in Großmutters Kochbuch feine Fischrezepte – man muss sie nur unserem heutigen Fischverständnis anpassen.

Die guten alten drei S

Säubern, säuern, salzen – nach diesem einfachen Prinzip verfuhren Generationen von Müttern und Großmüttern mit Fisch. Sie wuschen ihn ab, beträufelten ihn mit Zitronensaft und bestreuten ihn mit Salz, bevor er gebraten oder gekocht wurde. Die Zugabe von Säure sollte das weiße Fleisch fester machen, übertönte nicht selten aber auch schlicht den durchdringenden Geruch eines Fisches, der schon bessere Zeiten gesehen hatte. Kaufen Sie daher statt des Kilonetzes Zitronen lieber gleich frischen Fisch: Er muss appetitlich nach Meer duften, darf auf gar keinen Fall fischig riechen. Klare, glänzende Augen und rote Kiemen sind ebenfalls ein Zeichen von Frische. Und bei Filets? Hier hilft nur der Einkauf bei einem Fischhändler, der Ihr Vertrauen genießt – oder die Bitte, den ganzen (kläräugigen, glänzenden) Fisch für Sie zu filetieren. Wenn Sie dann die Zitronennote trotzdem mögen – träufeln Sie drauflos!

... und das vierte S

Das vierte S aber stand noch nicht in Großmutters Buch: Sanftheit. Die meisten Fische besitzen zartes Fleisch, das bei allzu rabiater Hitze trocken wird. Fisch sollte daher nie in sprudelndem Wasser gekocht werden, sondern in nur gerade bewegtem Sud gar ziehen dürfen – sofern er nicht noch schonender gedämpft wird. Für Bratpfanne und Ofen gilt: Kurze Garzeiten reichen. Es gibt Leute, die behaupten, der Fisch solle auf jeden Fall innen noch glasig sein. Andere schütteln sich bei der Vorstellung. Wie dem auch sei: Von glasig zu überkocht dauert es manchmal nur Minuten. Ein wachsames Auge ist also nötig.

Und welcher darf's nun sein?

Früher galt Fisch als Arme-Leute-Essen. So reichlich ging er in die Netze, dass er wenig kostete und zumindest in Fluss-, See- oder Küstennähe im Überfluss vorhanden war. (Dass es allerdings im 19. Jahrhundert Verordnungen gab, die es untersagten, Dienstboten häufiger als fünfmal in der Woche Lachs vorzusetzen – das gehört wohl ins Reich der Sagen und Legenden.)
Die Zeiten haben sich längst geändert. Durch Überfischung ist so manche Art rar geworden. Zum Glück muss trotzdem niemand vollständig auf den Genuss aus See und Meer verzichten. Wer verantwortungsbewusst auswählt, kann mit seinem Einkaufsverhalten dazu beitragen, dass bedrohte Bestände in Ruhe gelassen werden, um sich wieder zu erholen. Einen guten Überblick darüber, welche Fische man guten Gewissens in den Einkaufskorb legen kann, bietet die Broschüre »WWF Fischführer«, die auch im Internet abrufbar ist. Zugreifen kann man auf jeden Fall dann, wenn ein Fisch (frisch oder aus der Tiefkühlung) das Siegel des »Marine Stewardship Council« trägt. Denn das steht für schonende und nachhaltige Fischerei. Ein guter Trend – denn schließlich möchten wir auch an die nächste Generation noch feine Rezepte wie Pannfisch und panierte Scholle weitergeben.

Panierte
Scholle

Unter der knusprig panierten Haut der Plattfische verbirgt sich zartes, weißes Fleisch, das zum perfekten Genuss eigentlich nichts weiter braucht als vielleicht ein paar Tropfen Zitronensaft.

1 Zitrone
4 Schollen (à ca. 400 g, küchenfertig vorbereitet)
3 Eier
100 g Mehl
200 g Semmelbrösel
Salz · Pfeffer
100 g Butterschmalz

Für 4 Portionen · Pro Portion ca. 735 kcal · 35 Min. Zubereitung

1. Die Zitrone heiß abwaschen und in Achtel schneiden. Die Schollen innen und außen kalt abspülen und trocken tupfen. Die Eier in einem tiefen Teller verquirlen, Mehl und Semmelbrösel auf zwei flache Teller geben. Die Schollen salzen und pfeffern. Zuerst im Mehl wenden und überschüssiges Mehl abschütteln. Dann die Schollen im Ei wenden und zuletzt mit den Semmelbröseln panieren.

2. Zwei große Pfannen erhitzen, das Butterschmalz darin zerlassen und die ersten zwei Schollen bei mittlerer Hitze von jeder Seite ca. 6 Min. braten. Warm stellen und die beiden anderen Schollen braten. Mit den Zitronenachteln servieren. Dazu passen Kartoffelsalat (siehe Seite 68) oder in Butter geschwenkte Petersilienkartoffeln mit einem frischen Gurkensalat.

Variante: Scholle Finkenwerder Art

150 g durchwachsenen, gewürfelten Speck in zwei Pfannen knusprig ausbraten. 4 Schollen in Mehl wenden, im Speckfett von jeder Seite ca. 5 Min. braten, mit Speck und Zitrone servieren.

Forelle

Müllerin Art

In der Küche der Müllerin war wohl eine Handvoll Mehl immer zu haben – wie gut, denn dieses Mehl ist es, das uns den perfekt knusprig gebratenen Fisch beschert. Ob der allerdings immer noch aus dem Mühlbach stammt? Wer weiß – Hauptsache, er ist schön frisch!

4 Forellen (à ca. 250 g, küchenfertig vorbereitet)
2 Zitronen
1 Bund Petersilie
6 EL neutrales Pflanzenöl
3 EL Mehl
Salz · Pfeffer
6 EL Butter

Für 4 Portionen · Pro Portion ca. 400 kcal · 30 Min. Zubereitung

1. Die Forellen innen und außen gründlich abspülen und trocken tupfen. 1 Zitrone auspressen. Die andere schälen und in Scheiben schneiden. Forellen mit 3 EL Zitronensaft beträufeln. Petersilie waschen, trocken schütteln, die Blättchen abzupfen und fein hacken. Das Öl in zwei weiten Pfannen erhitzen (wenn Sie nur eine haben, braten Sie die Fische in zwei Portionen und stellen die fertigen abgedeckt warm). Das Mehl auf einen flachen Teller geben. Die Forellen mit Salz und Pfeffer würzen und im Mehl wenden. Überschüssiges Mehl abschütteln.

2. Die Forellen im heißen Öl bei mittlerer Hitze ca. 5 Min. braten, dann wenden und von der zweiten Seite in ca. 3–5 Min. braten, bis sie goldbraun und knusprig sind. Wenn sich die Rückenflosse leicht herausziehen lässt, sind die Forellen gar. Währenddessen die Butter in einem kleinen Topf aufschäumen, bis sie leicht bräunt, und die Petersilie unterrühren. Die Forellen auf Tellern anrichten und mit der heißen Petersilienbutter begießen. Mit Zitronenscheiben garnieren.

Süßes

Zu einem ordentlichen Essen gehört ein Nachtisch, fanden unsere Großmütter. Und wer hätte ihnen widersprechen wollen? Das süße »Danach« war häufig schlicht – eine Orange oder ein Schüsselchen Kompott aus den unerschöpflich scheinenden Vorräten der Kellerregale. Aber manchmal versenkten wir den Löffel auch in zitterndem Pudding oder feiner Creme und leckten uns noch Stunden später die Lippen. Der Nachtisch fiel nur aus, wenn das Hauptgericht schon süß war. Das fanden wir allerdings auch nicht schlimm. Mit den Rezepten in diesem Kapitel können wir sie uns wieder herbeikochen, die süßen Zeiten!

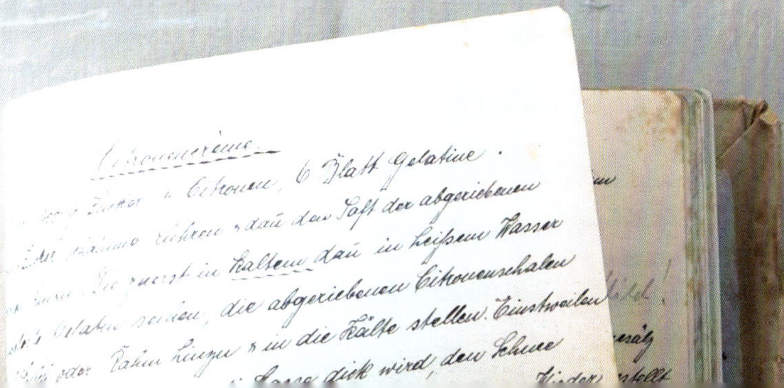

Schnee-Eier mit Vanillesauce

Auch unsere französischen Nachbarn kennen und lieben dieses Dessert. Sie nennen es »Îles flottantes«, also etwa Schwimmende Inseln. Und so sieht es ja auch aus, wenn luftiger Eischnee im süßen Vanillesee treibt.

4 sehr frische Eier
Salz
120 g Zucker
500 ml + 3 EL Milch
1 Vanilleschote
1 gestrichener EL Speisestärke

Für 4 Portionen · Pro Portion ca. 295 kcal
45 Min. Zubereitung · 1 Std. Abkühlen

1. Für die Schnee-Eier die Eier trennen, die Eigelbe mit etwas Wasser besprenkelt abgedeckt beiseitestellen. Eiweiße mit 1 Prise Salz und 60 g Zucker ganz steif schlagen. 500 ml Milch in einem breiten Topf erhitzen. Mit einem Esslöffel aus dem Eischnee Nocken formen und auf die heiße, aber nicht kochende Milch setzen. Bei kleiner Hitze 5–6 Min. ziehen lassen, dabei zwischendurch mithilfe eines Esslöffels umdrehen. Mit einer Schaumkelle herausnehmen und gut abtropfen lassen. Die Schnee-Eier auf einen Teller setzen.

2. Für die Vanillesauce die Vanilleschote längs aufschlitzen und das Mark herauskratzen. Die Speisestärke mit 2–3 EL kalter Milch glatt rühren. Die Eigelbe unterrühren. Vanilleschote und -mark und den restlichen Zucker zur Milch in den Topf geben und alles aufkochen. Die Stärke-Eigelb-Mischung in die heiße Vanillemilch gießen. Unter ständigem Rühren mit einem Schneebesen einmal aufkochen. Durch ein feines Sieb in eine Schale gießen und 1 Std. abkühlen lassen. Um zu verhindern, dass sich auf der Sauce eine Haut bildet, legen Sie am besten Frischhaltefolie direkt auf die Saucenoberfläche.

3. Die erkaltete Vanillesauce auf Dessertschälchen verteilen und die Schnee-Eier daraufsetzen.

Serviertipp

Häufig wird das Dessert mit ein bisschen **Karamellsirup** angerichtet. Dafür 100 g Zucker in einem Topf bei mittlerer Hitze schmelzen lassen. Sobald sich der Karamell hellbraun verfärbt, mit 100 ml Wasser ablöschen und rühren, bis sich der Karamell wieder vollständig gelöst hat. Die fertigen Schnee-Eier mit ein wenig abgekühltem Sirup beträufeln. Der Rest Sirup hält sich in einer verschließbaren Flasche nahezu ewig und schmeckt zum Beispiel zu süßen Pfannkuchen.

Zitronencreme

Im Sommer gibt es nichts Besseres als Zitronencreme zum Nachtisch: kühl am Gaumen, frisch-säuerlich auf der Zunge. Am liebsten würde man wie früher jeden noch so kleinen Rest mit dem Finger aus dem Schüsselchen schlecken.

2 Zitronen
2 sehr frische Eier
100 g Zucker
35 g Speisestärke
400 g Erdbeeren
1–2 EL Puderzucker

Für 4 Portionen · Pro Portion ca. 225 kcal
25 Min. Zubereitung · 1 Std. Abkühlen

1. Die Zitronen auspressen (ergeben ca. 60 ml Saft). Die Eier trennen, die Eiweiße in einer Schüssel mit den Quirlen des Handrührers zu steifem Eischnee schlagen.

2. Zitronensaft, Eigelbe, Zucker, Speisestärke und 375 ml kaltes Wasser in einem Topf mit einem Schneebesen verquirlen. Unter ständigem Rühren bei mittlerer Hitze erwärmen, bis die Creme Blasen wirft. Den Topf vom Herd nehmen und den Eischnee unterrühren. Die Creme auf vier Schälchen verteilen und in ca. 1 Std. ganz abkühlen lassen.

3. Die Erdbeeren waschen, trocken tupfen und entkelchen. Die Früchte vierteln, auf der kalten Creme anrichten und alles durch ein kleines Sieb mit Puderzucker bestreuen.

Aromatipp

Für noch mehr **Zitronenaroma** (allerdings eine weniger glatte Konsistenz) Bio-Zitronen verwenden, 1 davon vor dem Auspressen heiß abwaschen, trocknen, Schale fein abreiben und mitkochen.

Mokkacreme

Das erste »erwachsene« Dessert! Mit einem gewissen Stolz versenkten wir den Löffel in der Creme, um einen ersten Happen vom Leben der Großen zu probieren. Hmm, süß, einen Hauch bitter und vor allem durchdrungen von dem wunderbaren Aroma, das wir als Frühstückskaffeeduft kannten …

Für die Creme:
250 ml Milch
50 g Zucker
2 sehr frische Eier
40 g Speisestärke
125 ml kalter Espresso

Zum Anrichten:
150 g Sahne
1 Päckchen Bourbon-Vanillezucker
20 g Mokka- oder Bitterschokolade

Für 4 Portionen · Pro Portion ca. 315 kcal
25 Min. Zubereitung · 1 Std. Kühlen

1. Für die Creme die Milch mit dem Zucker aufkochen. Die Eier trennen. Eigelbe, Speisestärke und kalten Espresso gut verquirlen. Die Kaffeemischung mit einem Schneebesen in die kochende Milch rühren. Unter ständigem Rühren einmal aufkochen, dann durch ein feines Sieb in eine Schüssel gießen. Die Eiweiße mit den Quirlen des Handrührers zu steifem Eischnee schlagen und unter die noch warme Creme ziehen. Die Creme auf Dessertschälchen verteilen. Im Kühlschrank 1 Std. kalt stellen.

2. Kurz vor dem Servieren die Sahne mit dem Vanillezucker steif schlagen. Mit einem Sparschäler Locken von der Schokolade hobeln. Sahne und Schokolocken auf der Creme anrichten.

Dekotipp

Für noch mehr »So-wie-früher«-Effekt können Sie die Mokkacreme auch mit **Schokoladen-Mokkabohnen** verzieren.

Bayrisch Creme mit Beeren

Die neumodische Konkurrenz durch Panna cotta, Crème brûlée & Co. hat die gute alte Bayrisch Creme gelassen hingenommen. Hier ist sie wieder, ebenso cremig und vanilleduftend wie damals, als sie zu besonderen Feiertagen auf den Tisch kam.

Für die Creme:
4 Blatt weiße Gelatine
1 Vanilleschote
250 ml Milch
2 Eigelbe
60 g Zucker
250 g Sahne

Zum Anrichten:
400 g Beeren
(z. B. Erdbeeren, Himbeeren, Brombeeren, Heidelbeeren)
1–2 EL Zucker

Für 4 Portionen · Pro Portion ca. 405 kcal
1 Std. Zubereitung · 3 Std. Kühlen

1. Für die Creme die Gelatineblätter in kaltem Wasser einweichen. Vanilleschote der Länge nach aufschlitzen, das Mark herauskratzen. Vanilleschote und -mark mit der Milch aufkochen. Inzwischen die Eigelbe und den Zucker in einer Schüssel mit den Quirlen des Handrührers sehr schaumig rühren. Die kochend heiße Vanillemilch langsam unter Rühren in die Eigelb-Zucker-Creme gießen. Diese Mischung zurück in den Topf geben. Bei kleiner Hitze und unter ständigem Rühren so lange erhitzen, bis die Creme leicht dicklich wird. Aufpassen, dass die Creme nicht am Topfboden ansetzt und gerinnt.

2. Die Gelatineblätter ausdrücken und in der heißen Vanillecreme unter Rühren auflösen. Creme durch ein Sieb in eine Schüssel gießen und ganz abkühlen lassen, dabei ab und zu umrühren. Sobald die Creme kalt ist und anfängt, fest zu werden, die Sahne steif schlagen und behutsam unterheben. Vier Förmchen oder Tassen mit kaltem Wasser ausspülen und die Creme hineinfüllen. Zum Festwerden 2–3 Std. in den Kühlschrank stellen.

3. Etwa 30 Min. vor dem Servieren die Beeren verlesen, vorsichtig waschen und abtropfen lassen. Erdbeeren entkelchen und nach Belieben klein schneiden. Die Beeren in eine Schüssel geben und mit dem Zucker bestreuen. Etwa 20 Min. Saft ziehen lassen. Die Förmchen aus dem Kühlschrank nehmen, kurz in heißes Wasser setzen und die Puddinge auf Teller stürzen. Mit den gezuckerten Beeren anrichten.

Verwandlungstipps

Vanillecreme immer wieder anders: Für **nussiges Aroma** 50 g Haselnüsse in einer Pfanne ohne Fett anrösten, bis sie duften. Abgekühlt fein hacken und vor der Sahne unterziehen. Oder 2–3 EL **Maraschino oder Orangenlikör** ebenfalls vor der Sahne unterrühren.

Rote Grütze

Ihr Eroberungszug durch Deutschland hat die Rote Grütze fast um ihren guten Namen gebracht: Unter dem kommt zu vieles daher, was aus einer Packung stammt. Dieses Rezept zeigt ihre wahre Natur: als Fest für die schönsten Beeren des Sommers. Wer mag, mildert ihre herbe Säure durch sanfte Vanillesauce oder flüssige Sahne.

250 g Rote Johannisbeeren
250 g Schwarze Johannisbeeren
250 g Erdbeeren
250 g Himbeeren
40 g Speisestärke
400 ml roter Johannisbeernektar (ersatzweise Sauerkirschsaft)
100–150 g Zucker
1 Zimtstange

Für 4 Portionen · Pro Portion ca. 400 kcal · 35 Min. Zubereitung

1. Die Johannisbeeren im stehenden Wasser waschen, abtropfen lassen und von den Rispen streifen. Die Erdbeeren waschen, abtropfen lassen und ohne Blütenansätze halbieren oder vierteln. Die Himbeeren verlesen, aber möglichst nicht waschen.

2. Die Speisestärke mit 5 EL Saft glatt rühren. Den restlichen Saft mit 100 g Zucker und der Zimtstange aufkochen. Die Johannisbeeren dazugeben und 2 Min. kochen lassen. Die angerührte Speisestärke in die Flüssigkeit rühren und einmal aufkochen, bis die Mischung bindet. Dann die Erdbeerstückchen und Himbeeren untermischen. Nach Belieben mit restlichem Zucker nachsüßen. Die Grütze abkühlen lassen und die Zimtstange entfernen.

Variante: Erdbeer-Rhabarber-Grütze

700 g Rhabarber waschen und putzen, die Enden abschneiden. Stangen nach Belieben schälen und in ca. 4 cm lange Stücke schneiden. 250 g Erdbeeren waschen, putzen und ohne Blütenansatz halbieren. 500 ml Apfelsaft, 250 g Zucker und 5 cm Schale von 1 Bio-Zitrone aufkochen. Die Rhabarberstücke dazugeben, erhitzen und in 5–10 Min. weich kochen. Rhabarber mit einer Schaumkelle aus dem Sud heben, gut abtropfen lassen und beiseitestellen. Sud erneut aufkochen. 50 g Speisestärke mit 4–5 EL Wasser glatt rühren und in die kochende Flüssigkeit rühren. Einmal aufkochen, die Rhabarberstücke und die Erdbeeren untermischen, abkühlen lassen. Die Grütze mit geschlagener Sahne servieren.

Erdbeerflammeri

Sommerzeit – Erdbeerzeit. Mit Schüsseln und Körben wurden früher die Kinder in den Garten geschickt, um die roten Beeren zu ernten. Gerecht wurde aufgeteilt: eine in den Korb, eine in den Mund. Gut, wenn genug übrig blieb für diesen sommerlichen Nachtisch!

500 g Erdbeeren
80 g Zucker
35 g Speisestärke
2 EL Zitronensaft
1 EL gehackte, ungesalzene Pistazienkerne (nach Belieben)

Für 4 Portionen · Pro Portion ca. 150 kcal
25 Min. Zubereitung · 2 Std. Kühlen

1. Erdbeeren waschen, trocken tupfen und entkelchen. 200 g davon beiseitestellen. Restliche Erdbeeren mit 1 EL Zucker und 100 ml Wasser in einen Rührbecher geben und mit dem Pürierstab fein pürieren. In einem Topf aufkochen. Speisestärke mit restlichem Zucker und 100 ml Wasser glatt rühren. Die Mischung in das kochende Erdbeermus einrühren, unter Rühren einmal aufkochen. Mit 1–2 EL Zitronensaft abschmecken und vom Herd nehmen.

2. Die Puddingcreme in vier Schüsselchen füllen. Etwas abkühlen lassen, dann mind. 2 Std. im Kühlschrank kalt stellen. Zum Anrichten restliche Erdbeeren klein schneiden und das Dessert damit garnieren. Pistazienkerne, falls verwendet, darüberstreuen.

Austauschtipp

Statt Erdbeeren können Sie auch **Himbeeren, Heidelbeeren** oder eine **Beerenmischung** verwenden. Wenn Sie die kleinen Kernchen nicht mögen, streichen Sie die pürierten Früchte durch ein feines Sieb.

Schokoladen-flammeri

Schokolade macht glücklich, das wussten wir schon immer. Natürlich könnte man nach dem Essen auch einfach ein Stückchen von der Tafel brechen und naschen. Aber in löffelbarer Form zergeht sie noch feiner auf der Zunge – und das Schokoladenglück hält länger vor.

125 g Bitterschokolade (mind. 70 % Kakaoanteil)
35 g Speisestärke
500 ml Milch
2 gestrichene EL Zucker
1 gehäufter EL Kakaopulver

Für 4 Portionen · Pro Portion ca. 300 kcal
20 Min. Zubereitung · 2 Std. Kühlen

1. Die Schokolade grob hacken. Die Speisestärke mit 4 EL Milch glatt rühren. Übrige Milch, Zucker, Kakao und Schokoladenstückchen aufkochen, dabei ab und zu umrühren, bis sich die Schokolade aufgelöst hat. Die angerührte Stärkemischung in die kochende Schokoladenmilch gießen und unter ständigem Rühren einmal aufkochen.

2. Kleine Förmchen oder Tassen kalt ausspülen und die Puddingmasse einfüllen. Etwas abkühlen lassen, dann die Förmchen im Kühlschrank mind. 2 Std. kalt stellen.

3. Zum Servieren die Förmchen kurz in heißes Wasser setzen und die Puddinge auf Teller stürzen.

Serviertipps

Zum Schokoladenflammeri schmecken **Vanillesauce** (das Rezept finden Sie auf Seite 138) oder leicht angeschlagene **Sahne.** Die Sahne können Sie noch mit **Schokolocken** verzieren: einfach mit dem Sparschäler 20 g Schokolade in Locken hobeln.

Schokoladenpudding

Rätsel der Kindheit: Weshalb musste man beim Schokoladenkuchen voller Ungeduld abwarten, bis er abgekühlt war, während Schokoladenpudding warm gegessen werden durfte? Lange gefragt haben wir allerdings nicht. Dafür waren wir zu sehr damit beschäftigt, den dunklen, süßen Traum zu verspeisen.

80 g Löffelbiskuits
50 g Bitterschokolade (mind. 70 % Kakaoanteil)
60 g weiche Butter
4 Eier
50 g Zucker
100 ml Milch

Außerdem:
Butter und Semmelbrösel für die Form

Für 4 Portionen · Pro Portion ca. 430 kcal
30 Min. Zubereitung · 1 Std. 15 Min. Garen

1. Eine Puddingform mitsamt Deckel gründlich einfetten und mit Semmelbröseln ausstreuen. Einen hohen Kochtopf, in dem die Puddingform bei aufgelegtem Deckel Platz findet, zur Hälfte mit Wasser füllen und das Wasser aufkochen. Die Löffelbiskuits in einen Gefrierbeutel geben und mit dem Nudelholz fein zerbröseln.

2. Die Schokolade fein reiben. Die weiche Butter mit den Quirlen des Handrührers gut schaumig rühren. Die Eier trennen. Eigelbe und Zucker zur Butter geben und alles 2 Min. gründlich verrühren. Biskuitbrösel mit der Milch vermischen und mit der Schokolade unter die Eigelbcreme rühren. Eiweiße zu steifem Eischnee schlagen und behutsam unterheben.

3. Die Masse in die Puddingform füllen und den Deckel verschließen. Die Form in den Topf mit kochendem Wasser stellen. Das Wasser soll gut bis zur Hälfte der Form reichen. Den Pudding 1 Std. bei kleiner Hitze kochen lassen. Dabei muss das Wasser ständig leicht sprudeln.

4. Nach 1 Std. den Deckel der Puddingform abnehmen und mit einem Holzstäbchen prüfen, ob der Pudding gar ist. Bleibt noch Teig am Stäbchen hängen, den Pudding noch 10–15 Min. weitergaren. Die Form aus dem Wasserbad nehmen und 5 Min. stehen lassen. Den Pudding mit einem kleinen Messer vom Rand der Form lösen und auf eine Platte stürzen. Sofort servieren.

Serviertipps

Servieren Sie zum Schokoladenpudding **Vanillesauce** (siehe Seite 138) oder **Schokoladensauce** (siehe Seite 150).

Alles Pudding,

oder was?

Der Inbegriff der Pudding-Perfektion war das Bild auf den Fertigpulvertüten. Aber Großmutter bestand darauf, den Nachtisch selbst zu kochen. Und siehe da: Ihr Pudding stand genauso perfekt und leicht zitternd auf dem Teller. Der wunderbare Geschmack versöhnte uns damit, dass er »nur« selbst gemacht war. Andere Zeiten …

Großmutter wusste genau: Was in den hübschen Tütchen mit dem Bild des makellosen Puddingprachtstücks steckte, entsprach genau dem, was sie aus ihren Vorratsdosen löffelte – Speisestärke. Aroma war auch enthalten, aber dafür nahm sie lieber eine echte Vanilleschote. Nur abgewogen war die Tütchenmenge schon fix und fertig. Mit diesem simplen Vorteil und cleverer Werbung trat das Fertigpuddingpulver vor mehr als hundert Jahren seinen Siegeszug durch die Küchen an. Einen höchst erfolgreichen, denn auch unsere Großmütter griffen gerne zur gekauften Packung.

Pudding für die Seele

Und tatsächlich gibt es diese Momente, in denen es nur darauf ankommt, in zwei Handgriffen eine blubbernde, süße Creme zusammenzurühren und noch warm zu essen. (Dieser Puddingmoment ist ein enger Seelenverwandter des Milchreismoments, von dem ab Seite 152 die Rede sein wird.)
Was übrigens auf dem Tütchen steht, ist genau genommen gar nicht korrekt: Ein Pudding ist nämlich eigentlich eine deutlich substanziellere Geschichte, bei der ein Teig (nicht notwendigerweise süß) in einer Puddingform im Wasserbad gekocht wird. Was sich dagegen durch Stärke (Speisestärke, Mehl oder Grieß) beim Abkühlen festigt, ist fachsprachlich Flammeri. Nie gehört?

Well, that's just flummery!

So richtig trennscharf wurden die beiden Wörter womöglich auch nie verwendet. Beide stammen aus dem Englischen, und siehe da: Dort bezeichnet »pudding« zwar auf der einen Seite tatsächlich allerlei Gedämpftes aus schweren Teigen. Aber wer »pudding« sagt, kann auch einfach »Nachtisch« meinen – und zwar jede Art von Nachtisch. Da entspricht das englische »flummery« schon eher unserer Definition von Flammeri. Allerdings genießt das stärkehaltige Dessert im Land der Schulspeisung einen so schlechten Ruf als langweilig, geschmacklos und bleich, dass es zum Inbegriff für leeres Geschwätz und Schmeichelei geworden ist. Nicht jeder also, der in England von »flummery« redet, möchte Sie zum Dessert einladen!

Ein Rezept – viele Flammeris

Dabei darf ein Flammeri – den Sie ruhig auch weiter Pudding nennen dürfen – alles sein, aber mit Sicherheit nicht langweilig. Probieren Sie einmal aus, was die Puddingwelt an Geschmacksfülle bereithält. Das Prinzip ist immer das gleiche: Von 500 ml Milch 4 EL abnehmen und damit 35 g Speisestärke glatt rühren. Den Rest Milch mit 2 EL Zucker aufkochen, die Stärkemischung hineingeben und alles unter ständigem Rühren einmal aufkochen. Mindestens 2 Std. kühl stellen.
Dieses Grundprinzip lässt sich beinahe unendlich variieren: Für Vanillepudding wird 1 Vanilleschote ausgekratzt, und Schote und Mark werden mit der Milch aufgekocht. Für Mokkapudding ersetzen Sie einen Teil Milch durch starken Kaffee. Mandelpudding erhalten Sie, wenn Sie mit der Milch 200 g geschälte gemahlene Mandeln aufkochen, 30 Min. stehen lassen und die Milch dann durch ein Tuch gießen. 2 EL Amaretto (oder 2 Tropfen Bittermandelaroma) dazu und dann weitermachen wie im Grundrezept. Und natürlich können Sie statt Milch auch Fruchtsaft oder -mus verwenden.
Nun steht nur noch eine einzige Sache zwischen uns und der Liebe zum Pudding: die Haut. Schon Josef Guggenmoos erzählt von einer Annett, die sogar vom Dreimeterbrett springt: »Die hat sich alles getraut./Der hat es vor gar nichts gegraut,/außer vor Pudding mit Haut.« Das Problem lässt sich lösen, liebe Annett: Leg einfach Frischhaltefolie auf die Oberfläche des erkaltenden Puddings. Dann stört keine Haut mehr das Puddingglück.

Pommersche

Götterspeise

Als bäuerlich, grob, weniger wertvoll als das feine Weißbrot galt Schwarzbrot früher. Nur in Pommern wusste man, dass es als Speise für die Götter taugt: wenn es sich in Form von Knusperbröseln mit sommerlicher Kirschenwonne und kühler Sahnecremigkeit verbindet.

200 g Pumpernickel
4 EL Butter
2 Päckchen Bourbon-Vanillezucker
400 g Sauerkirschen
80 g Zucker
2–3 EL Kirschwasser (nach Belieben)
300 g Sahne

Für 4 Portionen · Pro Portion ca. 650 kcal
25 Min. Zubereitung · 1 Std. Abkühlen

1. Den Pumpernickel in Stücke brechen und im Blitzhacker oder mit einem Messer grob zerkrümeln. Butter in einer Pfanne schmelzen und die Brotkrümel darin ca. 2 Min. unter Rühren anbraten. Mit 1 Päckchen Vanillezucker bestreuen und alles leicht karamellisieren. Die Pfanne vom Herd nehmen und die Brotkrümel abkühlen lassen.

2. Die Kirschen waschen, abtropfen lassen, entstielen und entsteinen. Den Zucker bei mittlerer Hitze langsam schmelzen lassen. Dabei nicht umrühren. Sobald der geschmolzene Zucker anfängt, sich hellbraun zu verfärben, die Kirschen zugeben (Achtung, das kann spritzen!) und 5–10 Min. unter Rühren schmoren, bis sich der Karamell wieder aufgelöst hat. Das Kirschwasser (falls verwendet) unterrühren und die Kirschen in ca. 1 Std. vollständig abkühlen lassen. Einige für die Garnitur beiseitelegen.

3. Die Sahne ganz steif schlagen und mit dem zweiten Päckchen Vanillezucker süßen. Abwechselnd die abgekühlten Schwarzbrotkrümel, das abgekühlte Kirschkompott und die Sahne in eine Schüssel schichten, die oberste Schicht soll Sahne sein. Mit den beiseitegelegten Kirschen verzieren.

Austauschtipp

Leider ist die Saison heimischer Kirschen nur sehr kurz. Auch wenn dieses Dessert mit frischen Früchten am besten schmeckt, können Sie auf **Kirschen aus dem Glas** ausweichen. Verwenden Sie 1 Glas Schattenmorellen (Abtropfgewicht 370 g) und lassen Sie die Kirschen gut abtropfen, bevor Sie sie nach Rezept weiter verwenden.

Rhabarberkompott

Herbsäuerlich fing der Frühling an, wenn neben dem Herd die langen, roten Rhabarberstiele lagen und nach und nach zu Kompott und Konfitüre verarbeitet wurden. Ab jetzt wurde der große Einmachtopf gar nicht mehr weggeräumt, und einen Sommer lang duftete es süß-fruchtig aus der Küche.

750 g Rhabarber (möglichst rotstieliger)
1 Msp. Natron (nach Belieben)
175 g Zucker
1–2 TL Zitronensaft

Für 4 Portionen · Pro Portion ca. 195 kcal
40 Min. Zubereitung · 2 Std. Abkühlen

1. Den Rhabarber putzen, waschen, abtropfen lassen und die Stangen in ca. 4 cm lange Stücke schneiden. Dabei hartfaserige Fäden abziehen. Rhabarber in ein Sieb geben. 1 l Wasser aufkochen, nach Belieben das Natron unterrühren und den Rhabarber damit übergießen (Natron mildert die Säure des Rhabarbers). Abtropfen lassen.

2. Den Zucker mit 125 ml Wasser in einem weiten Topf aufkochen, die Rhabarberstücke hineingeben und 5–10 Min. kochen. Die Stücke sollen weich sein, aber noch nicht zerfallen. Rhabarberstücke mit einer Schaumkelle herausnehmen und in eine Schale geben. Sud in ca. 10 Min. bei großer Hitze sirupartig einkochen, mit Zitronensaft abschmecken und über den Rhabarber gießen. Abkühlen lassen.

Dazu-Tipp

Rhabarberkompott schmeckt pur oder mit **Vanillesauce** (Rezept siehe Seite 138) als Nachtisch. Mit einem dicken **Grießbrei** wird es zum süßen Hauptgericht: Dafür 500 ml Milch mit 40 g Zucker, 1 TL abgeriebener Schale von 1 Bio-Zitrone und 1 Prise Salz zum Kochen bringen. 75 g Weichweizengrieß einrühren und bei kleiner Hitze in ca. 5 Min. zum dicken Brei quellen lassen. Heiß mit dem Kompott servieren.

Variante: Zwetschgenkompott

1 kg reife Zwetschgen waschen, halbieren und entsteinen. Mit 125 ml Wasser, 125 g Zucker und 1 Zimtstange in einen weiten Topf geben. Aufkochen und zugedeckt ca. 15 Min. bei kleiner Hitze kochen lassen. Die Zwetschgen mit einer Schaumkelle herausnehmen, gut abtropfen lassen und in eine Schale geben. Den Kochsud bei großer Hitze in ca. 10 Min. sirupartig einkochen, die Zimtstange entfernen und den Sirup über die Zwetschgen gießen. Abkühlen lassen.

Bild links:
Rhabarberkompott

Bild oben:
Beim Rhabarberputzen harte Fäden abziehen.
Bild unten:
Stellen Sie ruhig Zucker auf den Tisch, damit jeder nach Belieben nachsüßen kann.

Viele Früchte, ein Kompott

Nach dem Grundrezept für Zwetschgenkompott lassen sich viele Früchte verarbeiten: **Mirabellen, Kirschen** oder **Birnen** beispielsweise. Wichtig ist, dass sie nicht zu weich sind; sonst gegebenenfalls die Kochzeit reduzieren. Zimt passt zu Zwetschgen und Birnen. Für andere Früchte die Zimtstange einfach weglassen.

Kirschenplotzer

Dem Auflauf mit der goldbraunen Kruste und der Kirschenherrlichkeit im Innern sieht man die schnöde Herkunft als Resteverwertung nicht mehr an. Kein Wunder, dass so mancher absichtlich viel zu viele Brötchen zum Frühstück einkauft. Denn dann hat man am nächsten Tag einen Grund, mal wieder einen Kirschenplotzer in den Ofen zu schieben!

5 Brötchen vom Vortag (oder 250 g Weißbrot)
250 ml Milch
100 g Butter
80 g Zucker
5 Eier
1/2 TL Zimtpulver
1 Prise frisch geriebene Muskatnuss
1 EL Kakaopulver
2 EL Kirschwasser (nach Belieben)
500 g Schwarz- oder Sauerkirschen
2 EL ganze Mandeln

Außerdem:
Butter und Semmelbrösel für die Form

Für 4 Portionen · Pro Portion ca. 790 kcal
40 Min. Zubereitung · 1 Std. Backen

1. Die Brötchen in grobe Würfel schneiden und in eine große Schüssel geben. Die Milch erwärmen und darübergießen. Einige Minuten einweichen. Inzwischen die Butter und 40 g Zucker mit den Quirlen des Handrührers gut schaumig rühren. Die Eier trennen. Eigelbe, Gewürze, Kakao und das Kirschwasser (falls verwendet) unterrühren. Eiweiße mit übrigem Zucker zu steifem Eischnee schlagen. Behutsam unter die Eigelbcreme heben.

2. Den Backofen auf 180° (Umluft 160°) vorheizen. Die Kirschen waschen und gut trocken tupfen, aber nicht entsteinen (sie würden sonst zu viel Saft verlieren). Die weiche Brötchenmasse gut unter die Butter-Eier-Masse rühren, dann die Kirschen kurz untermischen.

3. Eine große Auflaufform (ca. 30 cm Länge, ersatzweise eine Springform mit 26 cm Ø) einfetten und mit Semmelbröseln ausstreuen. Die Auflaufmasse hineingeben und glatt streichen. Die Mandeln grob hacken und daraufstreuen. Den Auflauf im heißen Ofen 55–60 Min. backen, bis die Kruste hellbraun und knusprig ist. Dazu passt Vanillesauce (siehe Seite 138).

Austauschtipps

Nicht genügend Brötchen vom gestrigen Frühstück übrig geblieben? Sie können sie auch zur Hälfte durch **Zwieback** ersetzen.
Im Sommer ist das ein tolles Rezept für frische Kirschen. Zum Glück muss man im Winter aber nicht auf den Kirschenplotzer verzichten, denn mit **Kirschen aus dem Glas** geht's auch: 1 Glas Schattenmorellen (370 g Abtropfgewicht) nehmen, die Kirschen auf einem Sieb gut abtropfen lassen und mit der Brötchenmischung einschichten.

Apfelküchlein

mit Vanillesauce

Das Tollste an den Apfelküchlein war für uns Kinder nicht der Knusperteig und auch nicht der mürbe Apfel, der sich darin verbarg. Es war noch nicht einmal die Vanillesauce, die es dazu gab – sondern das lustige Loch in der Mitte jedes einzelnen Küchleins, durch das man hindurchgucken konnte.

Für die Vanillesauce:
1 Vanilleschote
4 Eigelbe
500 ml Milch
1 gestrichener EL Speisestärke
2 EL Zucker

Für die Apfelküchlein:
1 EL Butter
2 Eier
180 g Mehl
1 EL Zucker
1 kräftige Prise Salz
180 ml Bier
800 g feste, aromatische Äpfel (4–5 Stück, z. B. Cox Orange)

Außerdem:
neutrales Pflanzenöl oder Butterschmalz zum Ausbacken
Zimtpulver und Zucker zum Wälzen

Für 4 Portionen · Pro Portion ca. 645 kcal · 50 Min. Zubereitung

1. Für die Sauce die Vanilleschote der Länge nach aufschlitzen und das Mark mit dem Messerrücken herauskratzen. Die Eigelbe mit 4 EL von der Milch und der Stärke glatt rühren. Restliche Milch mit Vanilleschote und -mark und Zucker aufkochen. Mit einem Schneebesen die Eigelb-Stärke-Mischung hineinrühren, alles unter Rühren aufkochen. Abkühlen lassen, Vanilleschote entfernen.

2. Für den Backteig die Butter schmelzen und etwas abkühlen lassen. Die Eier trennen. Die Eigelbe mit Mehl, Zucker, Salz, Bier und abgekühlter, flüssiger Butter verrühren. Eiweiße steif schlagen und behutsam mit einem Holzlöffel oder Teigschaber unter den Teig heben.

3. Die Äpfel schälen, die Kerngehäuse ausstechen und die Äpfel quer in knapp 1 cm breite Scheiben schneiden. Öl oder Butterschmalz erhitzen (es ist heiß genug, wenn an einem hineingetauchten Holzlöffelstiel kleine Bläschen aufsteigen). Die Apfelscheiben nacheinander durch den Bierteig ziehen und portionsweise im heißen Fett in 1–2 Min. hellbraun ausbacken. Herausnehmen und kurz auf Küchenpapier entfetten. Zimt und Zucker auf einem Teller mischen und die heißen Küchlein darin wenden. Mit der Vanillesauce servieren.

Restetipp

Was tun mit den übrigen 4 **Eiweißen?** Zum Beispiel Träubleskuchen (Seite 187) backen. Oder Makronen: 4 Eiweiße sehr steif schlagen, dabei 250 g Zucker einrieseln lassen. Für Kokosmakronen 250 g Kokosflocken unterheben, für Mandelmakronen 250 g geriebene Mandeln. Kleine Häufchen auf ein Blech mit Backpapier setzen, kurz an der Luft antrocknen lassen. Backofen auf 160° (Umluft 150°) vorheizen. Makronen im heißen Ofen (unten) 20–30 Min. backen; sie sollen hell bleiben. Herausnehmen, abgekühlt in Blechdosen aufbewahren.

Pfannkuchen

mit Apfelmus

»Pro Person ein Ei und eins dabei«, nach diesem simplen Grundsatz rührte man früher völlig ohne Rezept den Teig an. Je nach Augenmaß und Vorliebe kamen damit die Pfannkuchen mal dicker, mal dünner aus der Pfanne – mit Ungeduld erwartet wurden sie immer.

Für den Teig:
250 g Mehl (Type 405)
500 ml Milch
4 Eier
2 EL Zucker
Salz

Für das Apfelmus:
1 kg säuerliche Äpfel
(z. B. Boskop oder Cox Orange)
3 EL Zucker
2 EL Zitronensaft

Außerdem:
Butter zum Braten

Für 4 Portionen · Pro Portion ca. 630 kcal · 1 Std. Zubereitung

1. Für den Teig Mehl und Milch mit einem Schneebesen gut verrühren. Eier, Zucker und 1/2 TL Salz unterrühren. 30 Min. quellen lassen.

2. Inzwischen für das Apfelmus die Äpfel waschen und die Stiele entfernen. Die Äpfel in grobe Stücke schneiden und in einen Topf geben. 200 ml Wasser dazugießen und aufkochen. Die Äpfel im geschlossenen Topf ca. 20 Min. bei mittlerer Hitze kochen, dabei ab und zu umrühren, damit nichts anbrennt.

3. Die weichen Apfelstücke durch die Flotte Lotte (Passiermühle) drehen. Nach Geschmack mit 2–3 EL Zucker und 1–2 EL Zitronensaft süßen. Wer keine Flotte Lotte besitzt, streicht die Apfelstücke durch ein grobmaschiges Sieb. Eine weitere Möglichkeit: Die Äpfel schälen, vierteln, entkernen und kochen wie beschrieben. Dann mit dem Pürierstab pürieren, so wird das Apfelmus besonders fein. Abkühlen lassen.

4. 1–2 TL Butter in einer Pfanne erhitzen, eine Kelle Teig hineinfließen lassen und durch Kippen der Pfanne auf dem Pfannenboden verteilen. Den Pfannkuchen zuerst von der einen Seite backen, dann wenden und von der zweiten Seite hellbraun backen. Auf diese Weise acht Pfannkuchen machen.

Küchenpraxistipps

Liebhaber von stückigem **Apfelkompott** verzichten einfach aufs Pürieren oder Passieren der Äpfel.
Am besten schmecken Pfannkuchen, wenn sie direkt aus der Pfanne auf den Teller wandern. Wer sie lieber alle **gleichzeitig servieren** möchte, setzt einen Kuchenteller umgedreht auf einen großen Teller und stellt beide in den auf 100° geheizten Backofen. Darauf können die Pfannkuchen warm gehalten werden.

Zen oder die Kunst, Pfannkuchen zu backen

Eier, Milch und Mehl reichen, um die Welt für einen Moment zum Stillstand zu bringen. Eine Kelle Teig landet zischend in der heißen Pfanne. Der Teig verläuft zum dünnen Fladen, die Küche fängt an zu duften, jetzt dauert es nicht mehr lange … Ah! Goldgelb liegt der Pfannkuchen auf dem Teller. Und die wichtigste Entscheidung lautet jetzt: mit Zimtzucker oder mit Apfelmus?

Pfannkuchen verströmen eine Magie, die in keinem Verhältnis zu ihren wenigen und schlichten Zutaten steht. Wie sonst wäre es zu erklären, dass sie offenbar universelles Lieblingsessen aller Kinder sind? Dass selbst die mäkeligsten kleinen Esser auf einmal den Mund weit aufmachen, wenn das frisch gebackene Teigrund vor ihnen auf dem Teller liegt? Und dass sich selbst gestandene Männer und Frauen im Pfannkuchenumdrehen wieder zurückversetzt fühlen in die eigene Kindheit?

Pfannkuchen für alle!

Geschäftsleute mit vollem Terminkalender, sushigewöhnte Nie-warm-Mittagesser, Eltern im ewigen Zwiespalt zwischen Job und Familienzeit, sprich: All die Bewohner unserer gehetzten Erwachsenenwelt stehen plötzlich vor einer Pfanne und bekommen leuchtende Augen. Sie erinnern sich an die längst vergangene Zeit, als ihre Sorgen und Nöte aus heutiger Sicht vielleicht geringer waren, sich aber nichtsdestotrotz welterschütternd anfühlten. Und die doch vor dem wunderbaren Satz »Es gibt heute Pfannkuchen!« zerschmolzen wie – na ja, wie ein Stich Butter in der Pfanne. Zumindest für eine Weile.
Denn wenn Mutter Pfannkuchen backte, musste die Welt warten. Die Klassenarbeit in der Schultasche, unter die der Lehrer in roter Schrift ein »Mangelhaft« gesetzt hatte: vergessen. Der Streit mit der besten Freundin oder die Rauferei auf dem Bolzplatz – all das war plötzlich weniger wichtig als die Frage: »Wie lange dauert es noch?« Vom Küchentisch aus verfolgten wir gespannt, wie Mutter den Pfannkuchen wendete. Kurz darauf landete er hellbraun auf einem Teller; bereit, mit Zucker bestreut zu werden. Immer reihum ging es, jeder bekam, wenn er an der Reihe war. Pfannkuchen duldeten keine Wartezeit; sie wurden gegessen, sowie sie aus der Pfanne kamen, heiß und an den Rändern knusprig, noch nicht ledrig geworden durchs Warmhalten. Und obwohl sie immer viel schneller verschwunden waren, als Nachschub gebacken werden konnte, konzentrierte sich die ganze Zeit alles auf sie und sie allein.

Ommmmmm – und fertig

Und heute? Wann gibt es das noch, dass eine einzelne Sache den Moment so ausfüllt? Multitasking bestimmt unser Leben. Bei der Arbeit stellen wir gedanklich den Einkaufszettel zusammen; beim Einkaufen denken wir schon an den nächsten Urlaub, den wir dringend endlich buchen müssten, und im Urlaub denken wir wieder an die Arbeit. Wir brauchen Yogakurse, um zu lernen, unsere Gedanken auf das Jetzt, auf den Moment, auf unsere Atmung zu konzentrieren.
Dabei würde es vielleicht reichen, gelegentlich ein paar Eier in eine Schüssel zu schlagen, mit Mehl und Milch zu verquirlen und die Pfanne heiß zu machen. Wenn dann der Teig zischt, langsam von unten hellbraun wird und der Duft aufsteigt, dann werden wir wieder zu Kindern, für die es nichts Wichtigeres gibt als den nächsten Pfannkuchen. Das ist Magie, die funktioniert. Auch heute noch.

Besonders locker wird der Teig übrigens, wenn man den Teig statt mit Leitungswasser mit **Mineralwasser** anrührt. Das gilt für alle Pfannkuchenrezepte: Ein Teil der Milch lässt sich problemlos dadurch ersetzen.

Bleibt nur noch die Frage: Was soll denn nun drauf auf die Pfannkuchen? Womit werden sie bestrichen, bestreut, gefüllt, aufgerollt? Süßschnäbel lieben sie schon einfach mit **Zucker oder Zimtzucker** bestreut, vielleicht noch mit einem Stich Butter garniert, der langsam zu einem gelben See schmilzt. Fruchtig wird's, wenn ein **Glas eingeweckte Früchte** geöffnet wird (siehe Seite 210) oder wenn frisch gekochtes **Kompott** bereitsteht: aus Rhabarber zum Beispiel oder Zwetschgen (siehe Seite 134). Gerade Kinder lieben **schokoladige** Pfannkuchen: Dazu nach dem Wenden 4 Stücke Milchschokolade auf dem Pfannkuchen verteilen und beim Fertigbraten schmelzen lassen. **Bananenscheiben** machen den süßen Genuss perfekt.

Sie gehören eher zur herzhaften Fraktion? Dann backen Sie Ihre Pfannkuchen ohne Zucker im Teig. Ein würziger **Käse** schmilzt auf Pfannkuchen zu fädenziehender Versuchung. Wunderbar einzuwickeln sind gebratene **Pilze** (siehe Seite 53). Wer es gerne frisch hat, füllt die Pfannkuchen mit **gemischtem Salat** aus Blattsalat, Gurken, Tomaten und nach Belieben Oliven und zerbröseltem Schafskäse. Schnell essen, damit das Dressing keine Chance hat, den Pfannkuchen aufzuweichen! Auch gedünsteter **Blattspinat** ist eine feine Beilage.

Und alle, die sich zwischen süß und salzig nicht entscheiden können, versuchen es einfach mit **norddeutschen Speckpfannkuchen.** Dazu Streifen von Frühstücksspeck in der Pfanne leicht anbraten, herausnehmen, eine Kelle Teig in das Speckfett geben und die Speckstreifen auf den noch flüssigen Teig legen. Den Pfannkuchen wie gewohnt braten. Vor dem Servieren den Speckpfannkuchen mit Zuckerrübensirup beträufeln.

Pfannkuchenvariationen

Alles eine Typfrage: Die einen mögen ihre Pfannkuchen **dick und fluffig,** die anderen **hauchdünn** – gerade stabil genug, um sich aufrollen zu lassen. Je flüssiger der Teig, desto dünner verläuft er in der Pfanne. Geben Sie also einfach nach dem Quellen des Teigs noch Flüssigkeit dazu, wenn er ihnen zu dick von der Kelle fließt. **Extradicke Pfannkuchen** bekommen Sie, wenn Sie die Eier vorher trennen und nur die Eigelbe mit Milch und Mehl verquirlen. Lassen Sie den Teig quellen, schlagen Sie die Eiweiße steif und heben Sie sie erst dann unter.

Aus diesem Teig können Sie auch gleich **Kaiserschmarrn** backen: 1 TL Butter in einer Pfanne erhitzen, die Hälfte des Teigs hineingeben, mit 1 EL Rosinen und 1 EL Mandelstiften bestreuen. Sobald die Unterseite fest und gebräunt ist (nach ca. 5 Min.), den Pfannkuchen vorsichtig mithilfe eines Tellers wenden und noch einmal 2 Min. braten. Mit zwei Gabeln in der Pfanne zerrupfen. 1 TL Butter zugeben, den Schmarrn mit 1 EL Puderzucker bestreuen und unter Wenden knusprig backen. Gleich servieren. Die zweite Hälfte des Teigs ebenso backen. Dazu gibt es Apfelmus.

Am entgegengesetzten Ende der Dick-dünn-Skala stehen die fast durchsichtigen französischen **Crêpes.** Ihr Teig wird nicht allein durch Milch, sondern vor allem durch die Zugabe von Wasser so flüssig gemacht, dass er sich in der Pfanne zu einer hauchdünnen Schicht verstreichen lässt. In der Bretagne, ihrer Heimat, bereitet man Crêpes aus Buchweizenmehl zu, das ihnen ein besonders nussiges Aroma verleiht.

Fein zu süßen Pfannkuchen:
***1:** Apfelkompott, **2:** Mandelblättchen, **3:** Honig, **4:** Schoko-Haselnuss-Creme, **5:** Zimtzucker, **6:** Zuckerrübensirup*

Fliederbeersuppe

mit Grießklößchen

Gab es Fliederbeersuppe, bekam jeder am Tisch eine extragroße Serviette. Sie wurde um den Hals gebunden, damit Hemd und Bluse keine bleibende Erinnerung an die tiefdunkelrote Fruchtspeise davontrugen. So bleibt die Erinnerung auf den Geschmack beschränkt: fruchtig, herb-süß und mit einem Hauch von Gewürzen.

Für die Fliederbeersuppe:

1 kg Holunderbeeren
1 Zimtstange
2 Gewürznelken
1 Schalenstück (5 cm) und
2 EL Saft von 1 Bio-Zitrone
125 g Zucker
250 g feste, säuerliche Äpfel (z. B. Cox Orange)
2 gestrichene EL Speisestärke

Für die Grießklößchen:

250 ml Milch
30 g Butter
1 EL Zucker
1 Päckchen Bourbon-Vanillezucker
Salz
1 TL abgeriebene Schale von 1 Bio-Zitrone
100 g Weichweizengrieß
2 Eier

Für 4 Portionen · Pro Portion ca. 520 kcal · 75 Min. Zubereitung

1. Für die Fliederbeersuppe die Holunderbeeren waschen und abtropfen lassen. Die Beeren mithilfe einer Gabel oder mit den Händen von den Stielen streifen. 1 l Wasser aufkochen, Fliederbeeren hineingeben und 10 Min. im geschlossenen Topf bei mittlerer Hitze kochen lassen. Durch ein Sieb in einen zweiten Topf abgießen, dabei die Beeren mit einer Suppenkelle gut ausdrücken.

2. Den so gewonnenen Holundersaft mit Zimtstange, Gewürznelken, Zitronenschale, Zitronensaft und Zucker aufkochen. Die Äpfel schälen, vierteln und ohne Kerngehäuse in Spalten schneiden. Zum Holundersaft geben und 5 Min. mitkochen lassen. Speisestärke und 2–3 EL kaltes Wasser verrühren, in den kochenden Holundersaft gießen, einmal aufkochen. Den Topf vom Herd nehmen.

3. Für die Grießklößchen Milch, Butter, Zucker, Vanillezucker, 1 Prise Salz und abgeriebene Zitronenschale aufkochen. Den Grieß unter Rühren hineinschütten. Unter ständigem Rühren in 5–10 Min. bei kleiner Hitze ausquellen lassen. Den Topf vom Herd nehmen und ein Ei nach dem anderen gründlich unterrühren. Aus der Masse mit zwei in kaltes Wasser getauchten Teelöffeln ca. 16 kleine Klößchen formen. In einem weiten Topf Salzwasser aufkochen, die Klößchen hineingeben und bei kleiner Hitze in 15–20 Min. gar ziehen lassen. Mit einer Schaumkelle herausnehmen und gut abtropfen lassen. Zum Anrichten die Fliederbeersuppe erhitzen, in Teller füllen und die Grießklößchen hineingeben.

Austauschtipp

Sie kennen keinen Holunderstrauch in der Nähe? Dann verwenden Sie einfach 1 l gekauften **Holunderbeersaft** aus der Flasche und verarbeiten Sie ihn, wie ab Punkt 2 beschrieben.

B.J

Grießschnitten

Grießbrei ist ein Seelentröster – Grießschnitten sind so etwas wie die Weiterentwicklung davon: Mit ihrem knusprigen Äußeren, dem sanft-cremigen Inneren und einer fruchtigen Begleitung trösten sie nicht nur, sondern machen sogar richtig gute Laune.

1 l Milch
50 g Butter
30 g Zucker
1 Stück Schale von
1 Bio-Zitrone (ca. 5 cm)
Salz
250 g Weichweizengrieß
4 Eier
100 g Semmelbrösel
Butterschmalz zum Braten

Für 4 Portionen · Pro Portion ca. 700 kcal
50 Min. Zubereitung · 35 Min. Abkühlen

1. Die Milch mit Butter, Zucker, Zitronenschale und 1 Prise Salz in einem Topf aufkochen. Den Grieß unter Rühren hineinschütten. Unter ständigem Rühren in 5–10 Min. bei kleiner Hitze zu einem dicken Grießbrei quellen lassen.

2. Den Topf vom Herd nehmen, den Grießbrei 5 Min. abkühlen lassen, dann 2 Eier nacheinander gut unterrühren. Die Zitronenschale entfernen. Ein großes Brett oder die Küchenarbeitsfläche leicht mit Wasser besprenkeln. Den Grießbrei darauf gut fingerdick zu einem Rechteck verstreichen. Ca. 30 Min. abkühlen lassen.

3. Den Grießbrei in Rauten oder Rechtecke (ca. 6 x 8 cm) schneiden. Zum Panieren die übrigen Eier in einem tiefen Teller verquirlen, die Semmelbrösel in einen zweiten Teller geben. In einer weiten Pfanne das Butterschmalz erhitzen. Die Grießschnitten zuerst im Ei wenden, dann mit den Semmelbröseln panieren. Portionsweise in die Pfanne geben und von jeder Seite in ca. 2 Min. knusprig goldbraun backen.

Serviertipp

Dazu passen **eingemachte Früchte** (siehe Seite 210) oder **Kompott** (siehe Seite 134 und 135).

Herzhafte Variante

Grießschnitten schmecken auch als **herzhaftes Hauptgericht,** zum Beispiel mit Sauce bolognese (siehe Seite 62) oder mit einer fruchtigen Tomatensauce. 1 l Milch mit 2 TL Salz und 1 TL getrocknetem Thymian aufkochen, 250 g Weichweizengrieß dazuschütten und unter Rühren bei kleiner Hitze in 5–10 Min. ausquellen lassen. 100 g geriebenen Parmesan unterrühren, den Grießbrei fingerdick auf ein Brett streichen. 30 Min. abkühlen lassen. In Rauten schneiden und in heißem Öl nach und nach knusprig hellbraun braten. Sofort mit der Sauce servieren.

Grießflammeri

mit Schokoladensauce

Ins Schlaraffenland kam man im Märchen nur, wenn man sich durch einen Berg süßen Breis löffelte. Ob es sich dabei um Grießbrei handelte? Wie im Schlaraffenland fühlt man sich jedenfalls, wenn man diese feine Variante vor sich hat. An die Löffel – fertig – los!

Für den Grießflammeri:
500 ml Milch
Salz
1 TL abgeriebene Schale von 1 Bio-Zitrone
50 g Butter
120 g Weichweizengrieß
2 Eier
60 g Puderzucker

Für die Schokoladensauce:
150 g Bitterschokolade (mind. 70 % Kakaoanteil)
100 g Sahne
50 ml Milch
1–2 TL Zucker

Außerdem:
Butter für die Förmchen
20 g Vollmilchschokolade zum Dekorieren (nach Belieben)

Für 4 Portionen · Pro Portion ca. 670 kcal
45 Min. Zubereitung · 4 Std. Kühlen

1. Milch mit 1 Prise Salz, Zitronenschale und Butter aufkochen. Grieß hineinrühren und 5–10 Min. unter Rühren bei kleiner Hitze ausquellen lassen. 5 Min. abkühlen lassen. Die Eier trennen. Eigelbe nacheinander unter den Brei rühren. Ca. 1 Std. abkühlen lassen, dabei Frischhaltefolie auf die Oberfläche legen, damit sich keine Haut bildet.

2. Die Eiweiße steif schlagen, dabei den Puderzucker einrieseln lassen. Eischnee behutsam unter den abgekühlten Grießbrei heben. Vier kleine Förmchen oder Tassen mit weicher Butter ausstreichen und die Grießmasse einfüllen. Abgedeckt für mind. 3 Std. kühl stellen.

3. Für die Schokoladensauce Schokolade in Stückchen brechen. Mit Sahne, Milch und Zucker in einem kleinen Topf unter ständigem Rühren bei kleiner Hitze erwärmen, bis eine glatte Sauce entstanden ist. Zum Servieren die Förmchen kurz in heißes Wasser tauchen, Flammeri auf Teller stürzen. Nach Belieben mit einem Sparschäler von der Schokolade Löckchen abhobeln und das Dessert damit bestreuen. Mit der Schokoladensauce servieren.

Milchreis

Der Inbegriff eines Lieblings-Kindheitsessens! Noch heute gibt es diese Milchreismomente: Wenn das Leben trüb und regnerisch aussieht, wenn Stress und Hetze einen zu überwältigen drohen. Schon der süße Duft des kochenden Reisbreis bringt die Ruhe zurück, und der erste Bissen versetzt endgültig in Kindheitsgeborgenheit.

250 g Milchreis
1–1,25 l Milch
Salz
1 Stück Schale
von 1 Bio-Zitrone (ca. 5 cm)
4 EL Butter (nach Belieben)
Zucker und Zimt zum Bestreuen

Für 4 Portionen · Pro Portion ca. 470 kcal · 1 Std. Zubereitung

1. Den Milchreis in ein Sieb geben, gründlich mit kaltem Wasser abspülen und abtropfen lassen. 1 l Milch mit 1 kräftigen Prise Salz und Zitronenschale in einem Topf aufkochen. Den Reis in die kochende Milch schütten. Einmal aufkochen, dann bei ganz kleiner Hitze 40–45 Min. quellen lassen. Um ein Anbrennen zu verhindern, den Milchreis nicht umrühren, sondern nur ab und zu den Topf leicht hin und her bewegen. Wird der Milchreis zu dick, noch etwas Milch hinzufügen.

2. Sobald der Reis weich ist, die Zitronenschale herausnehmen. Den Milchreis in tiefen Tellern anrichten, nach Belieben ein Stückchen frische Butter daraufgeben. Mit Zucker und Zimt bestreuen.

Aromatipp

Wer gerne einen nussigen Geschmack mag, kann die **Butter** auch schmelzen und bräunen, um den Milchreis damit zu übergießen.

Milchreis gegen Regentage

Es gibt Gerichte, die sind wie eine kuschlige Decke. Sie wärmen und trösten, sie halten Arbeitsstress und Liebeskummer auf Abstand. Milchreis, Grießbrei & Co. schaffen ein kleines heiles Universum, in dem sich alles um eine Schüssel süßer Wohligkeit dreht.

Vielleicht liegt es daran, dass uns ihre milchig-sanfte Süße an die ersten Geschmackserfahrungen erinnert, die unsere Zunge machen durfte. Oder daran, dass wir uns löffelnd wieder zurückversetzen in die früheste Kindheit, als noch niemand von uns verlangte, Vollkornbrot zu kauen oder anstrengende Pflichten zu erfüllen. Mit jedem Löffel Milchreis oder Grießbrei steigen Bilder von früher wieder auf: Fernsehgucken (»Aber nur eine halbe Stunde!«) im Frotteeschlafanzug. In der warmen Badewanne Löcher in die Schaumberge pusten. Das Lieblingsbuch vorgelesen bekommen, während man kaum noch die Augen offen halten kann. Alle diese Erinnerungen drehen sich um Wärme und Geborgenheit.

Der Trost aus der Schüssel

Im Englischen gibt es einen Begriff für Gerichte, die eine solche Macht über unser Seelenleben entfalten: comfort food – Trostessen, Geborgenheitsessen. Darunter fallen keineswegs nur süße Sachen: Nudeln – insbesondere dann, wenn sie mit Käsesauce überbacken werden – sind Klassiker des comfort food, genauso wie dicke, wärmende Suppen. Hauptsache, es ist heiß, lässt sich löffeln und schmeckt so unkompliziert, wie es zuzubereiten ist. Man muss sich damit aufs Sofa zurückziehen können, um die Beine unterzuschlagen und bei ruhiger Musik den Regentropfen auf den Fensterscheiben zuzusehen – oder einen Herzschmerzfilm zu schauen.
Auf Regentage ist der Genuss dieser Lieblingsessen allerdings keineswegs beschränkt, und ein einsames Vergnügen muss er auch nicht bleiben. Im Gegenteil: Wer sich den Tag verschönern möchte, der kann nichts Besseres tun, als der eigenen Familie (oder der besten Freundin) Milchreis zu kochen.

Schon wenn die leise kochende Milch die Küche in eine süße Dampfwolke hüllt, werden die hungrigen Topfgucker herbeigelockt. Und sobald der Reis fertig ist, in die Teller gefüllt und mit Zimtzucker bestreut wurde – sobald still gelöffelt wird, schaut man in lauter glückliche Gesichter. Und das ist manchmal so, als wenn die Sonne hinter grauen Wolken hervorblitzt.

Reste? Welche Reste?

Klar, wenn Sie Milchreis oder Grießbrei als Familienessen auf den Tisch bringen, dürfte die Wahrscheinlichkeit, dass etwas übrig bleibt, ziemlich gering ausfallen. Anders sieht es schon aus, wenn Sie für sich alleine den Topf aufsetzen – oder dann, wenn Sie absichtlich eine größere Menge kochen, um den süßen Genuss noch auf morgen auszudehnen. Denn was sich aus den Resten zubereiten lässt, ist mindestens ebenso fein wie das Grundrezept. Übrig gebliebenen Grießbrei (ein Rezept dafür finden Sie übrigens auch als Tipp auf Seite 134) streichen Sie am besten noch warm etwa zentimeterdick auf ein Brett und lassen ihn abkühlen. Danach können Sie ihn sich ganz einfach schneiden und nach dem Rezept auf Seite 149 zu **Grießschnitten** verarbeiten.
Eine ganz ähnliche (und nicht weniger leckere) Lösung findet sich für Milchreisreste: **Reisplätzchen**. Sie gehen so: Pro 300 g übrig gebliebenem Milchreis 1 Ei und 1 Prise abgeriebene Schale von 1 Bio-Orange (oder Bio-Zitrone) gründlich unter den Reis rühren. Butter in einer Pfanne erhitzen. Aus dem Reis kleine Plätzchen formen und bei mittlerer Hitze von jeder Seite in ca. 3 Min. goldgelb backen. Die Plätzchen schmecken pur mit Zucker bestreut, aber auch mit Kompott (siehe Seite 134) oder Apfelmus (siehe Seite 140).

Kartäuserklöße

mit Weinschaumsauce

Ob es wirklich die Kartäusermönche waren, die sie als Fastenspeise erfanden? Sicher ist jedenfalls, dass solche süßen Hauptgerichte so manchen Gläubigen vergessen ließen, dass an Fastentagen auf Fleisch verzichtet werden musste.

Für die Weinschaumsauce:
4 sehr frische Eigelbe
50 g Zucker
250 ml trockener Weißwein (z. B. Riesling)

Für die Kartäuserklöße:
4 Brötchen vom Vortag
8 EL Semmelbrösel
4 Eier (Größe M)
50 g Zucker
abgeriebene Schale von 1/2 Bio-Zitrone
500 ml Milch

Außerdem:
Butterschmalz zum Ausbacken
50 g Zucker und 1–2 TL Zimtpulver zum Wälzen

Für 4 Portionen · Pro Portion ca. 720 kcal
1 Std. 15 Min. Zubereitung

1. Für die Sauce einen Topf mit heißem Wasser vorbereiten, auf den eine Metallrührschüssel passt, ohne dass sie die Wasseroberfläche berührt. Außerdem eine Schüssel mit Eiswasser bereitstellen. Eigelbe, Zucker und Wein in die Rührschüssel geben. Mit dem Schneebesen oder den Quirlen des Handrührers verrühren, bis sich der Zucker ganz aufgelöst hat. Die Schüssel über das heiße Wasserbad stellen und die Mischung in 4–5 Min. dickcremig aufschlagen. Nun die Schüssel in das kalte Bad stellen und die Sauce weitere 3–5 Min. schlagen, bis sie ganz abgekühlt ist.

2. Für die Klöße die Brötchenrinde fein abreiben, mit den Semmelbröseln vermischen. Die Brötchen quer halbieren. Eier, Zucker, Zitronenschale und Milch in einer Schüssel verquirlen. Die Brötchenhälften hineinlegen und 10–15 Min. darin einweichen, bis sie die ganze Eiermilch aufgesogen haben. Herausnehmen, mit den Händen zu eiförmigen Klößen formen, dabei leicht ausdrücken. Die Klöße rundherum in der Semmelbröselmischung wälzen.

3. Das Butterschmalz in einer tiefen Pfanne erhitzen, die Klöße hineingeben und unter Wenden in 6–8 Min. goldgelb ausbacken. Mit einer Schaumkelle herausnehmen, abtropfen lassen, auf Küchenpapier entfetten und in Zimtzucker wälzen. Mit der Sauce anrichten.

Gut zu wissen

Warum verlangen eigentlich so viele Rezepte nach Brötchen »vom Vortag«? Leicht **altbackenes Brot** hat bereits Wasser verloren, und der trockene Teig saugt sich daher besser mit der Milch voll. Zur Not funktioniert es aber auch mit einem frischen Brötchen.

Bild links:
Kartäuserklöße mit Weinschaumsauce

Bild oben:
Wer keine Sauce rühren möchte: Einfach nur mit Zucker und Zimt bestreut schmecken die Kartäuserklöße auch.
Bild unten:
Für die Weinschaumsauce müssen die Eier sehr frisch sein.

Variante: Arme Ritter

Für Arme Ritter 8 Weißbrotscheiben mit einer Mischung aus 2 Eiern, 200 ml Milch und 2 EL Zucker tränken, dann in reichlich Fett ausbacken wie oben beschrieben. Für **Reiche Ritter** bestreicht man 1 eingeweichte Brotscheibe mit etwas Lieblingsmarmelade oder gibt 2–3 Rippchen Schokolade darauf. Dann mit der zweiten Brotscheibe bedecken, gut andrücken und ausbacken.

Ofenschlupfer

Nicht nur altbackenes Brot erlebt im Ofenschlupfer einen zweiten Frühling. Auch die Äpfel, die im Garten von der Wiese geklaubt werden, werden darin von »2. Wahl« zu »erste Sahne« befördert. Ein Beweis dafür, dass Sparsamkeit mitunter die besten Rezepte hervorbringt.

50 g Rosinen
2–3 EL Rum oder Apfelsaft
5 Brötchen vom Vortag (oder 250 g altbackener Hefezopf)
1 Vanilleschote
200 g Sahne
300 ml Milch
4 Eier
40 g Zucker
800 g säuerliche Äpfel (4–5 Stück, z. B. Boskop)
3 EL Mandelblättchen
4 EL Butter

Außerdem:
Fett für die Form
Backpapier zum Abdecken
Puderzucker zum Bestreuen

Für 4 Portionen · Pro Portion ca. 735 kcal
40 Min. Zubereitung · 45 Min. Backen

1. Den Backofen auf 200° (Umluft 180°) vorheizen. Eine Auflaufform mit hohem Rand (ca. 30 cm Länge) einfetten. Die Rosinen in Rum oder Apfelsaft einweichen.

2. Die Brötchen in dünne Scheiben schneiden. Die Vanilleschote längs aufschlitzen und das Mark herauskratzen. Sahne, Milch, Eier, Zucker und Vanillemark verquirlen. Die Äpfel waschen, trocknen, vierteln und ohne Kerngehäuse in dünne Spalten schneiden.

3. Die Brötchenscheiben abwechselnd mit den Apfelspalten in die Form geben, dabei jede Schicht mit Rosinen bestreuen. Die letzte Schicht soll aus Brötchenscheiben bestehen. Die Eiersahne darübergießen. Den Auflauf mit Mandelblättchen bestreuen und die Butter in Flöckchen darübergeben. Im heißen Ofen (Mitte) ca. 45 Min. backen, dabei zwischendurch mit Backpapier abdecken, falls der Auflauf zu stark bräunt. Herausnehmen, mit Puderzucker bestreuen und noch warm servieren. Dazu passt Vanillesauce (siehe Seite 138).

Austauschtipp

Es müssen nicht immer Äpfel sein: Der Ofenschlupfer schmeckt auch mit **entsteinten Kirschen, Pflaumen oder Aprikosen** fein. So wird er zum Lieblingsrezept fürs ganze Jahr und jede Früchtesaison.

Küchenpraxistipp

Die ausgekratzte Vanilleschote nicht wegwerfen – sie liefert Ihnen besten hausgemachten **Vanillezucker.** Legen Sie sie einfach in ein Schraubglas, das Sie mit feinem Zucker auffüllen. Nach ein paar Tagen hat der Zucker das Vanillearoma angenommen und lässt sich verwenden wie Vanillezucker aus dem Päckchen.

Dampfnudeln

Still wird es in der Küche, wenn alle gespannt darauf warten, dass es im großen Bräter anfängt zu knistern und zu knacken. Denn dann kommen sie auf den Tisch, die dampfenden, hefeduftenden Klöße. Das Beste daran: die Karamellkruste, die sich unten bildet.

Für den Teig:
125 ml Milch
500 g Mehl (Type 550)
1/2 Würfel Hefe (ca. 20 g)
50 g Zucker
80 g weiche Butter
2 Eier (Größe M)
1 TL abgeriebene Schale von 1 Bio-Zitrone
Salz

Zum Backen:
200 ml Milch
30 g Butter
1 EL Zucker
Salz

Außerdem:
Mehl zum Verarbeiten

Für 4 Portionen · Pro Portion ca. 810 kcal
35 Min. Zubereitung · 1 Std. Ruhen · 25 Min. Garen

1. Für den Teig die Milch lauwarm erhitzen. Das Mehl in eine Schüssel geben. Die Hefe in eine Mulde in die Mitte bröckeln, 3 EL lauwarme Milch und 1 TL Zucker dazugeben. Mit etwas Mehl vom Rand verrühren. Zugedeckt an einem warmen Ort 15 Min. gehen lassen.

2. Übrige lauwarme Milch, restlichen Zucker, weiche Butter in Flöckchen, Eier, Zitronenschale und 1 kräftige Prise Salz zum Vorteig geben. Zunächst mit den Knethaken des Handrührers, dann mit den Händen zu einem glatten Teig verarbeiten und kräftig kneten. Den Teig weitere 30 Min. zugedeckt an einem warmen Ort gehen lassen.

3. Den Teig erneut durchkneten und auf wenig Mehl fingerdick ausrollen. Mit einem Glas Plätzchen ausstechen (Ø ca. 6 cm). Teigreste erneut verkneten, ausrollen und ausstechen. Teigplätzchen mit einem Tuch bedecken und ca. 15 Min. gehen lassen.

4. In einer weiten Kasserolle oder einem Bräter mit gut schließendem Deckel Milch, Butter, Zucker und 1 Prise Salz erhitzen. Küchlein dicht an dicht nebeneinander heineinsetzen. Deckel schließen, Dampfnudeln 2–3 Min. aufkochen, dann die Hitze reduzieren. Bei mittlerer Hitze 20–25 Min. garen. Den Deckel zwischendurch nicht abnehmen, sonst zerfallen die Dampfnudeln. Sie sind gar, wenn es im Topf anfängt zu knacken (dann haben die Dampfnudeln die Milch aufgesogen und fangen an zu bräunen). Dazu passt Kompott (siehe Seite 134) oder Vanillesauce (siehe Seite 138).

Variante: Rohrnudeln
Dazu den Bräter mit den zuvor aufgekochten Hefenudeln in den vorgeheizten Backofen (225°, Umluft 200°, Mitte) stellen und die Rohrnudeln ca. 35 Min. backen. In den letzten 5 Min. den Deckel abnehmen, damit sie schön bräunen.

Spritzbeutel-Garnitur
„Süße Dolde"
Die ideale Garnierspritze aus Stoff

Kuchen

Hefeteig beherrschte Mutter im Schlaf. Schließlich kam fast jedes Wochenende ein Streusel- oder Obstkuchen auf den Kaffeetisch. Diese sonntäglichen Kuchenfreuden waren beinahe so sicher wie das Amen, das ihnen in der Kirche vorausging. Für all die anderen Lieblingskuchen spickte Mutter allerdings in ihrer handgeschriebenen Rezeptsammlung, die gelegentlich erweitert wurde – zum Beispiel durch die Donauwelle, die beinahe über Nacht auf jedem Kuchenbüfett auftauchte. Zum Geburtstag musste es dann aber doch der Marmorkuchen sein. Weil es einfach schon immer so war.

Kalter Hund

Ein einziges unglaublich schokoladiges Stück, und man ist satt. Und schielt trotzdem die ganze Zeit auf den verführerischen Kuchen und überlegt, ob nicht noch wenigstens ein ganz winziges Scheibchen geht …

250 g Kokosfett
3 gehäufte EL Kakaopulver
2 sehr frische Eier (Größe M)
125 g Zucker
2 EL Milch oder Rum
300 g Butterkekse

Außerdem:
Backpapier für die Form

Für 1 Kastenform von 26 cm Länge (ca. 22 Stück)
Pro Stück ca. 195 kcal · 35 Min. Zubereitung · 4 Std. Kühlen

1. Das Kokosfett bei kleiner Hitze schmelzen. Den Kakao dazugeben und gut unterrühren. Etwas abkühlen lassen. In einer Schüssel Eier, Zucker und Milch oder Rum gut verrühren. Die abgekühlte, aber noch flüssige Kakaomischung unterrühren.

2. Die Kastenform so mit Backpapier auslegen, dass das Papier an beiden Seiten übersteht (das erleichtert es später, den Kuchen zu stürzen).

3. Ca. 3 EL der Schokocreme auf dem Boden verstreichen. Eine Lage Butterkekse hineingeben und mit ca. 3 EL der Creme bestreichen. So fortfahren, bis die ganze Schokocreme verbraucht ist. Die letzte Schicht sollte aus Schokocreme bestehen.

4. Das Backpapier über die oberste Schicht legen und das Ganze mit einem Teller oder einem Paket Butter beschweren. Mind. 4 Std. oder über Nacht im Kühlschrank fest werden lassen. Den Kalten Hund mithilfe des Backpapiers aus der Form auf ein Schneidebrett stürzen und in fingerbreite Scheiben schneiden.

Dekotipp

Sie möchten den Kalten Hund für eine besondere Gelegenheit bunt mit Schokolinsen oder Gummibärchen **dekorieren?** Tauchen Sie eine Messerschneide in heißes Wasser, trocknen Sie sie ab und schmelzen Sie mit der heißen Schneide die Schokomasse punktuell leicht an, um die Dekoration »anzukleben«.

Aufbewahrungstipp

Kalter Hund wird nicht trocken – lange haltbar ist er trotzdem nicht: Wegen der darin verarbeiteten **rohen Eier** sollten Sie ihn nicht länger als zwei Tage aufheben und zwischendurch gut kühlen.

Der Kuchen,
der aus der Kälte kam

*Kann man das Wirtschaftswunder schmecken?
Mit einem Stück Kaltem Hund ist man jedenfalls nah dran.
Der Schmelz von Kokosfett, die dunkle Üppigkeit
des Kakaos und der Luxus gekaufter Kekse vermitteln scheibchenweise das Gefühl: Wir haben es zu etwas gebracht.*

In den Fünfzigerjahren erlebte diese geschichtete Schokobombe ihren Aufschwung, doch ihre Beliebtheit blieb auch danach ungebrochen. Kein Wunder – konnte sich doch trotz der Schlichtheit des Rezepts beinahe jeder mit seinen Vorlieben darin wiederfinden:
Großmutter liebte dunkle Schokolade (und verwendete daher ein Rezept, in dem außer Kakao auch geschmolzene Schokolade in die dunkle Creme gerührt wurde). Großvater mochte besonders den Rumgeschmack und versuchte gelegentlich, hinter Großmutters Rücken mehr als die vorgesehenen zwei Esslöffel in die Masse zu schmuggeln. Für Mutter war Kalter Hund schlicht ein schneller, einfacher Kuchen, der sich gerade für große Familienfeste perfekt vorbereiten ließ und im kühlen Keller geduldig auf seinen Einsatz wartete. Und für uns Kinder gehörte er unverzichtbar zum wichtigsten Tag des Jahres: Kindergeburtstag.

Blinde Kuh und Kalter Hund

Kindergeburtstag, das hieß Topfschlagen und Reise nach Jerusalem. Der eigene Platz war mit Luftschlangen und bunten Ballons geschmückt. Und auf dem Tisch stand der massive, gummibärchenverzierte Schokoladenblock des Kalten Hunds und wartete darauf, scheibchenweise verteilt zu werden. Nun gut, es mag sein, dass er in der Gunst der Gäste erst kurz hinter dem Malzbier kam, das es zu dieser besonderen Gelegenheit gab und das so herrlich erwachsen schmeckte. Aber probieren wollte jeder von dem Kuchen, genau wie von dem ebenso obligatorischen Kartoffelsalat mit Würstchen. Irgendwann auf dem Höhepunkt der Feier war der Kalte Hund aufgegessen, mindestens einem Kind war schlecht, und die anderen spielten mit schokoverschmierten Mündern Fangen. Bis irgendwann die Eltern einschritten. Ein voller Erfolg, dieser Kindergeburtstag!

Der Modekuchen und die Moden

Selbstverständlich sah der Kalte Hund auch gesittetere Feste, zu denen er auf Tortenspitze gesetzt wurde und mithilfe weiterer Tortenspitze ein Puderzuckerschablonenmuster bekam. Das galt als besonders vornehm. Doch auch die Kuchenmode wandelte sich: Als in den Achtzigerjahren Pamela Ewing und Alexis Carrington in bonbonbunten Abendkleidern und mit geradezu unwahrscheinlichen Fönfrisuren über die Bildschirme spazierten, ließ die Popularität des schlichten Schoko-Keks-Blocks nach. Die Zeiten verlangten nach Glamouröserem als einem Kuchen, der äußerlich so unscheinbar braun daherkam. Auch seine verschiedenen Namen – Kalter Hund, Kalte Hundeschnauze, Kellerkuchen – klangen plötzlich eindeutig unmondän.
Es schlug die Stunde der Donauwelle, in der verschiedene Teig-, Frucht-, Creme- und Schokoschichten mindestens so sorgfältig onduliert werden mussten wie die Frisuren aus Dallas und Denver Clan. Ab nun war die Evolution der Tortenmode nicht mehr aufzuhalten. Philadelphia-, Fanta- und Götterspeisentorte waren noch die harmloseren Rezepte, die von Freundin zu Freundin ausgetauscht wurden. Jeder Schokoriegel, jede Süßigkeit durfte früher oder später als Inspirations- und Namensgeber für zuckersüße, mehrschichtige und reich verzierte Torten herhalten.
Auch das ist vorbei. Neue Backmoden kamen, und sie gingen auch wieder. Aus jeder dieser Zeiten überdauerten vielleicht ein, zwei Rezepte, handgeschrieben auf fleckigen Zetteln. Der Kalte Hund gehört dazu, genau wie seine große Rivalin, die Donauwelle. Längst führen sie eine friedliche Koexistenz auf der Lieblingsliste der Nostalgierezepte. Gelegentlich kramen wir eines davon heraus, probieren es und stellen fest: »Hmm, schmeckt wie früher.«

Gugelhupf

Hier ist er wieder, der Urahn aller Napfkuchen: nur mäßig süß, dafür hefelocker und saftig. In seiner elsässischen Heimat isst man ihn übrigens nicht zum Kaffee, sondern zu einem Gläschen Wein, am besten einem Gewürztraminer.

100 g Rosinen
50 g Korinthen
4 EL Rum oder Apfelsaft
125 ml Milch
500 g Weizenmehl (Type 550)
1/2 Würfel Hefe (ca. 20 g)
125 g Zucker
18–20 Mandeln
350 g weiche Butter
4 Eier (Größe M)
2 TL abgeriebene Schale von 1 Bio-Zitrone
Salz
100 g gehackte Mandeln

Außerdem:
Fett für die Form
Puderzucker zum Bestäuben

Für 1 Gugelhupfform (ca. 20 Stück) · Pro Stück ca. 335 kcal
40 Min. Zubereitung · 1 Std. Ruhen · 1 Std. Backen

1. Rosinen und Korinthen in einer Schale mit Rum oder Saft einweichen. Die Milch lauwarm erhitzen. Für den Teig das Mehl in eine Schüssel geben und in die Mitte eine Mulde drücken. Die Hefe hineinbröckeln. Mit 3 EL Milch, 1 TL Zucker und etwas Mehl vom Rand verrühren. Die Schüssel mit einem Küchentuch abdecken und den Vorteig an einem warmen Ort ca. 15 Min. gehen lassen.

2. Inzwischen die Mandeln in einem kleinen Topf mit Wasser einmal aufkochen, von der Platte nehmen, 5 Min. stehen lassen und abgießen. Jetzt lassen sich die Kerne ganz einfach aus der Haut drücken. Auf einem Küchentuch ausgebreitet beiseitelegen.

3. Übrige lauwarme Milch, restlichen Zucker, weiche Butter in Flöckchen, die Eier, die Zitronenschale und 1 kräftige Prise Salz zum gegangenen Vorteig geben. Mit den Knethaken des Handrührers zu einem glatten, weichen Teig verkneten. Die Rosinen und Korinthen auf ein Sieb abgießen, etwas abtropfen lassen und mit den gehackten Mandeln kräftig unterkneten.

4. Die Form gründlich einfetten und in jede Rippe eine ganze Mandel legen. Den Teig in die Form geben. Zugedeckt in der Form 40–50 Min. oder so lange gehen lassen, bis er fast den Rand der Form erreicht hat. Den Backofen auf 180° (Umluft 160°) vorheizen.

5. Den Gugelhupf im heißen Backofen (unten) 50–60 Min. backen (Stäbchenprobe machen!). In der Form ca. 20 Min. abkühlen lassen, dann auf ein Kuchengitter stürzen und ganz auskühlen lassen. Den Kuchen mit Puderzucker bestäuben.

Hefezopf

Sie hatten auch ihr Gutes, die Zeiten, als noch nicht jeder Bäcker am Sonntagmorgen öffnete, um Brötchen zu verkaufen. Denn damals gab es mitunter frischen Hefezopf zum Sonntagsfrühstück, und ein warmer Duft nach Hefe und Kaffee begrüßte die Langschläfer.

250 ml Milch
500 g Mehl (Type 550)
1/2 Würfel Hefe (ca. 20 g)
50 g Zucker
1 Päckchen Bourbon-Vanillezucker
60 g weiche Butter
1 Ei (Größe M)
1 TL abgeriebene Schale von 1 Bio-Zitrone
Salz

Außerdem:
Backpapier für das Blech
Mehl zum Verarbeiten
1 Eigelb und 1 EL Milch zum Bestreichen
1–2 EL Hagelzucker zum Bestreuen

Für 1 Zopf (ca. 20 Stück) · Pro Stück ca. 140 kcal
40 Min. Zubereitung · 1 Std. 20 Min. Ruhen · 40 Min. Backen

1. Für den Teig die Milch lauwarm erhitzen. Das Mehl in eine Schüssel geben, in die Mitte eine Mulde drücken. Die Hefe hineinbröckeln, mit 3 EL Milch, 1 TL Zucker und etwas Mehl vom Rand verrühren. Den Vorteig zugedeckt an einem warmen Ort 15 Min. gehen lassen.

2. Übrige lauwarme Milch, restlichen Zucker, Vanillezucker, weiche Butter in Flöckchen, das Ei, Zitronenschale und 1 kräftige Prise Salz zum gegangenen Vorteig geben. Zunächst mit den Knethaken des Handrührers, dann mit den Händen zu einem glatten Teig verkneten. Den Teig kräftig kneten, bis er Blasen wirft und sich vom Schüsselrand löst. Den Teig weitere ca. 40 Min. zugedeckt an einem warmen Ort gehen lassen, bis er sein Volumen verdoppelt hat.

3. Den gegangenen Teig noch einmal kräftig durchkneten. Ein Backblech mit Backpapier belegen. Den Teig in drei gleich große Portionen teilen. Jede Teigportion auf wenig Mehl zu einem ca. 30 cm langen Strang rollen. Die drei Stränge zu einem Zopf flechten, dabei die Enden zusammendrücken. Den Zopf auf das Backblech legen. Weitere 20–30 Min. gehen lassen.

4. Den Backofen auf 180° (Umluft 160°) vorheizen. Eigelb und Milch verquirlen und den Zopf damit bestreichen. Mit Hagelzucker bestreuen. Im Ofen (unten) in 35–40 Min. goldgelb backen. Herausnehmen und auf einem Kuchengitter auskühlen lassen.

Üppige Variante

Wer den Hefezopf reichhaltiger und **kuchenartiger** mag, knetet 100 g Rosinen (vorher in etwas Rum oder Apfelsaft einweichen) und 100 g Zitronat mit unter den Teig.

Bild links:
Hefezopf

Bild oben:
Frische Hefe hat eine helle graubraune Farbe und ist auf keinen Fall schmierig.
Bild unten:
Gute Butter und selbst gekochte Marmelade machen den Zopf zum Genuss.

Und was drauf?

Ganz pur schmeckt er oder mit ein bisschen **Butter,** der frische Hefezopf. Aber so mancher schwört darauf, ihn mit **Käse** oder sogar **Leberwurst** zu essen. Und in manchen Gegenden legt man auf eine gebutterte Scheibe Zopf **Spekulatius** oder **Braune Kuchen** (Gewürzplätzchen). Und das ist einen Versuch wert!

Mohnstriezel

Extrasaftig wird der Hefeteig durch die Mohnfüllung, die jede Scheibe des Striezels ein bisschen anders marmoriert. Was so kunstvoll aussieht, ist tatsächlich viel schneller gemacht, als man denken könnte.

Für den Hefeteig:
125 ml Milch
375 g Mehl (Type 550)
1/2 Würfel Hefe (ca. 20 g)
60 g Zucker
75 g weiche Butter
1 Ei (Größe M)
Salz

Für die Mohnfüllung:
3 EL Rosinen
3 EL Rum oder Apfelsaft
200 g Sahne
75 g Honig
200 g gemahlener Mohn
1 TL abgeriebene Schale von 1 Bio-Zitrone
1 Ei (Größe M)

Außerdem:
Mehl zum Verarbeiten
Backpapier für die Form
1 Eigelb und 1 EL Milch zum Bestreichen

Für 1 Kastenform (ca. 20 Stücke) · Pro Stück ca. 220 kcal
50 Min. Zubereitung · 1 Std. 5 Min. Ruhen · 35 Min. Backen

1. Für den Teig die Milch lauwarm erhitzen. Das Mehl in eine Schüssel geben, in die Mitte eine Mulde drücken. Hefe hineinbröckeln, mit 3 EL Milch, 1 TL Zucker und etwas Mehl vom Rand verrühren. Vorteig zugedeckt an einem warmen Ort 15 Min. gehen lassen. Danach übrige lauwarme Milch, restlichen Zucker, weiche Butter in Flöckchen, Ei und 1 kräftige Prise Salz dazugeben. Erst mit den Knethaken des Handrührers, dann mit den Händen zu einem glatten Teig verarbeiten. Kräftig kneten, bis er sich vom Schüsselrand löst. In ca. 40 Min. zugedeckt an einem warmen Ort bis zur doppelten Größe gehen lassen.

2. Inzwischen für die Mohnfüllung die Rosinen in Rum oder Apfelsaft einweichen. Sahne und Honig in einem kleinen Topf aufkochen, Mohn hineingeben und unter Rühren bei mittlerer Hitze zu einem dicken Brei kochen. Abkühlen lassen, dann Zitronenschale, Ei und die abgetropften Rosinen unterrühren. Den Teig einmal kräftig durchkneten, auf wenig Mehl zu einem Rechteck von ca. 35 x 45 cm ausrollen. Mohnfüllung daraufstreichen und Teig von der breiten Seite her aufrollen. Die Rolle mit einem scharfen Messer der Länge nach halbieren, die beiden Stränge umeinanderschlingen. Eine Kastenform mit Backpapier auslegen und den Striezel hineinlegen. 10 Min. gehen lassen. Den Backofen auf 200° (Umluft 180°) vorheizen. Eigelb und Milch verquirlen, den Striezel damit bestreichen. Im Ofen (unten) 35 Min. backen, dabei evtl. zwischendurch abdecken, falls er zu stark bräunt.

Variante: Nussstriezel

Für eine Nussfüllung 250 g gemahlene Haselnusskerne, 125 g Sahne, 1 Ei, 100 g Zucker, 1 kräftige Prise Zimtpulver und 1 TL abgeriebene Schale von 1 Bio-Orange verrühren. 1 kleinen säuerlichen Apfel schälen, vierteln, ohne Kerngehäuse grob dazuraspeln. Den Striezel damit füllen. Nach dem Backen den noch heißen Striezel mit 1–2 EL erwärmter Aprikosenkonfitüre bestreichen, abkühlen lassen.

Einfach lebendig:

Hefeteig

Als Sensibelchen gilt er, das sich vor
der leisesten Zugluft erschreckt.
Aber auch als wandlungsfähiger Alleskönner,
dem man vom Brot bis zur Pizza, vom Obstkuchen
bis zum süßen Krapfen alles zutraut.
Wegzudenken ist er nicht aus der Backstube.
Und wenn er ein bisschen Liebe und Wärme bekommt,
dankt er es mit wunderbarem Duft.

Wie ein Wunder kam es uns Kindern schon vor, was sich in der großen Steingutschüssel unter dem Küchentuch tat. Sie stand neben der Heizung, und es war streng verboten, hineinzuschauen. So schlichen wir gespannt drum herum, bis Mutter endlich kam und das Tuch lüftete. In der Mitte eines Mehlgebirges hatte sich ein blubbernder Krater gebildet, aus dem weißgraue Lava stieg. Es roch intensiv säuerlich und ein bisschen wie Vaters Feierabendbier. Kurz darauf war der Krater verschwunden, und aus dem Mehlgebirge war ein glatter Teig geworden. Doch noch einmal vollzog sich das Wunder in der Schüssel. Als Mutter diesmal das Tuch fortzog, war die Teigkugel doppelt so groß wie vorher. Nun kam der Höhepunkt der Samstagsbäckerei: Während Mutter gekonnt und flink knetete, ausrollte und den Blechkuchen belegte, durften wir aus den Teigresten eigene Figuren formen. In der kleinen Teigkugel, die wir in unseren Kinderhänden hielten, steckten unendliche Möglichkeiten.

Mit kindlicher Lust

Manchmal kommt einem das sehr weit weg vor. Zwischenzeitlich hat Hefeteig für viele das Leichte, Spielerische verloren und ist zum Problemteig geworden, um den man besser einen Bogen macht. Zu Unrecht! Dass der Teig »einfach nicht gehen will«, wie wir es unsere Mütter gelegentlich achselzuckend sagen hörten, kommt heute so gut wie nicht mehr vor. Hefewürfel liegen jederzeit frisch im Supermarkt-Kühlregal, und Trockenhefe ist sogar noch unproblematischer.

Es gibt nur einen einzigen Fehler, den man nicht machen darf. Denn was Hefe auf den Tod nicht ausstehen kann, ist zu große Hitze. Wird sie auf über 45° erhitzt, stirbt der Hefepilz ab. Deshalb darf bei der Teigzubereitung die Milch wirklich nur lauwarm sein (ruhig mit dem Finger probieren!). Und wenn Sie den Teig im Backofen gehen lassen, stellen Sie den Ofen nur kurz auf 50° und schalten Sie ihn aus, sobald der Teig hineinwandert.

Das war's auch schon an warnenden Worten. Viel mehr kann man kaum falsch machen. Denn Kälte schadet dem Teig nicht. Sie verzögert den Gehvorgang zwar, hält ihn aber nicht auf. Was praktisch sein kann, wenn Sie den Teig für einen Sonntagszopf schon am Samstagabend kneten und dann in den Kühlschrank stellen. So können Sie eine gute halbe Stunde länger schlafen und dann den gegangenen Teig aus der Kälte nehmen, um ihn zu flechten und zu backen.

Noch größere Kälte – im Tiefkühler – hält die Gärung zwar auf, aber die Hefe überlebt. Sobald der Teig auftaut, wird sie wieder aktiv. Das heißt, dass Sie Hefeteig sogar problemlos auf Vorrat kneten und einfrieren können. Und irgendwann nehmen Sie ihn heraus und backen zum Beispiel die kleinen **Krapfen,** die auf unserem Titelbild zum Anbeißen verführerisch in der Schale liegen.

Voilà, unser Titelmodell!

Falls Sie keinen tiefgekühlt haben, bereiten Sie als Erstes einen Hefeteig zu. Dazu 125 ml Milch lauwarm erwärmen. 500 g Mehl (Type 550) in eine Schüssel geben, in die Mitte eine Mulde drücken und 1 Würfel Hefe (42 g) hineinbröckeln. 3 EL Milch und 1 TL Zucker dazugeben. Mit etwas Mehl vom Rand verrühren. Vorteig zugedeckt an einem warmen Ort 15 Min. gehen lassen.

Übrige lauwarme Milch, 100 g Zucker, 1 Prise Salz, 2 Eier und 75 g weiche Butter in Flöckchen zum gegangenen Vorteig geben. Zu einem glatten Teig verarbeiten und kräftig kneten. Weitere 30 Min. zugedeckt an einem warmen Ort gehen lassen. Den Teig erneut durchkneten und in 24 Portionen teilen. Jede Portion auf der bemehlten Arbeitsfläche zu einer knapp tischtennisballgroßen Kugel formen. Neutrales Öl zum Frittieren in einem Topf erhitzen. Nun die Krapfen portionsweise im Öl in ca. 5 Min. goldbraun ausbacken, mit einem Schaumlöffel herausnehmen, kurz auf Küchenpapier entfetten und in Zucker wälzen.

Streuselkuchen

Streusel machen, das war der Beitrag, den wir schon als Kinder zur Kuchenbäckerei leisteten: mit beiden Händen hinein in die süße Mischung aus Butter, Mehl, Zucker und Mandeln! Und nicht immer fanden alle Streusel den Weg auf den Kuchen …

Für den Teig:
250 ml Milch
500 g Weizenmehl (Type 550)
1/2 Würfel Hefe (ca. 20 g)
75 g Zucker
75 g weiche Butter
1 TL abgeriebene Schale von 1 Bio-Zitrone
Salz

Für die Quarkcreme:
100 g Rosinen
1 Vanilleschote
2 Eier (Größe M)
500 g Magerquark
100 g Zucker
2 gestrichene EL Speisestärke
1 TL abgeriebene Schale von 1 Bio-Zitrone

Für die Streusel:
225 g Butter
300 g Mehl
75 g gemahlene Mandeln
150 g Zucker

Außerdem:
Fett für die Fettpfanne
Mehl zum Verarbeiten

Für 1 Backblech (ca. 20 Stück) · Pro Stück ca. 390 kcal
1 Std. Zubereitung · 1 Std. Ruhen · 35 Min. Backen

1. Für den Hefeteig die Milch lauwarm erhitzen. Das Mehl in eine Schüssel geben und in die Mitte eine Mulde drücken. Die Hefe hineinbröckeln. Mit 3 EL lauwarmer Milch, 1 TL Zucker und etwas Mehl vom Rand verrühren. Die Schüssel mit einem Küchentuch abdecken und den Vorteig an einem warmen Ort ca. 15 Min. gehen lassen.

2. Übrige lauwarme Milch, restlichen Zucker, weiche Butter in Flöckchen, Zitronenschale und 1 kräftige Prise Salz zum gegangenen Vorteig geben. Zunächst mit den Knethaken des Handrührers, dann mit den Händen zu einem glatten Teig verkneten. Den Teig so lange kräftig kneten, bis er Blasen wirft. Weitere ca. 45 Min. zugedeckt an einem warmen Ort bis etwa zur doppelten Größe gehen lassen.

3. In der Zwischenzeit die Rosinen in ein Sieb geben und heiß abspülen. Gut abtropfen lassen. Die Vanilleschote der Länge nach aufschlitzen und das Mark herauskratzen. Die Eier trennen. Eigelbe mit Vanillemark, Quark, 50 g Zucker, Stärke und Zitronenschale glatt rühren. Rosinen untermischen. Eiweiße und restlichen Zucker cremigsteif schlagen. Behutsam unter die Quarkcreme heben.

4. Den Backofen auf 200° (Umluft 180°) vorheizen. Die Fettpfanne des Backofens einfetten. Für die Streusel die Butter zerlassen und etwas abkühlen lassen. Mit Mehl, Mandeln und Zucker vermischen und zu Streuseln zerkrümeln. Den Hefeteig gut durchkneten und auf wenig Mehl in Größe der Fettpfanne ausrollen. Teig in die Fettpfanne legen und die Quarkmasse daraufstreichen. Die Streusel darauf verteilen. Im heißen Ofen (unten) in 30–35 Min. goldgelb backen.

Fruchtige Variante

Anstelle der Quarkcreme können Sie auch 250 g **Johannisbeergelee** auf den Teigboden streichen und mit den Streuseln bedecken.

Butterkuchen

Da, wo früher Kühe auf sattgrünen Wiesen weideten und wo aus ihrer Milch goldgelbe Butter gestampft wurde, da kommt dieses Rezept her. Schlichte, aber gute Zutaten lassen einen Kuchen entstehen, der am besten aus der Hand gegessen wird, den Kaffeebecher in der anderen. Und am schönsten mit Blick auf grüne Wiesen.

Für den Teig:
250 ml Milch
500 g Mehl (Type 550)
1 Würfel Hefe (42 g)
50 g Zucker
75 g weiche Butter
1 TL abgeriebene Schale von 1 Bio-Zitrone
Salz

Für den Belag:
175 g kalte Butter
175 g Mandelblättchen
125 g Zucker

Außerdem:
Fett für das Backblech
Mehl zum Verarbeiten

Für 1 Backblech (ca. 20 Stück) · Pro Stück ca. 280 kcal
45 Min. Zubereitung · 1 Std. 5 Min. Ruhen · 25 Min. Backen

1. Für den Teig die Milch lauwarm erhitzen. Das Mehl in eine Schüssel geben, in die Mitte eine Mulde drücken. Die Hefe hineinbröckeln, mit 3 EL lauwarmer Milch, 1 TL Zucker und etwas Mehl vom Rand verrühren. Den Vorteig zugedeckt an einem warmen Ort 15 Min. gehen lassen.

2. Übrige lauwarme Milch, restlichen Zucker, weiche Butter in Flöckchen, Zitronenschale und 1/2 TL Salz zum gegangenen Vorteig geben. Zunächst mit den Knethaken des Handrührers, dann mit den Händen zu einem glatten Teig verkneten. Den Teig kräftig kneten, bis er Blasen wirft und sich vom Schüsselrand löst. Den Teig weitere ca. 40 Min. zugedeckt an einem warmen Ort gehen lassen, bis er sein Volumen verdoppelt hat.

3. Den gegangenen Teig kräftig durchkneten. Ein Backblech einfetten. Den Teig auf wenig Mehl in Blechgröße ausrollen und auf das Backblech legen, dabei einen kleinen Rand hochziehen. Weitere 10 Min. gehen lassen. Backofen auf 180° (Umluft 160°) vorheizen.

4. Für den Belag die kalte Butter in kleine Stückchen schneiden. Mit zwei Fingern Dellen in die Teigoberfläche drücken und in jede Delle ein Butterstückchen geben. Die Mandelblättchen auf dem Teig verteilen. Zucker gleichmäßig darüberstreuen. Den Kuchen im Ofen (Mitte) in 20–25 Min. goldgelb backen. Herausnehmen und auf einem Kuchengitter abkühlen lassen.

Austauschtipp
Mit einer leichten Karamellnote ebenfalls sehr fein wird der Butterkuchen, wenn Sie statt des weißen Zuckers zum Bestreuen **braunen Zucker** verwenden, zum Beispiel Rohrohrzucker.

Marmorkuchen

Gibt es einen klassischeren Geburtstagskuchen? Jedes Jahr steckte eine Kerze mehr auf dieser puderzuckerbestäubten Kuchenkrone, und jedes Mal hielt man beim Anschneiden gespannt den Atem an: je höher der Anteil dunklen Kakaoteigs im eigenen Stück, desto besser. Das neue Lebensjahr konnte kommen!

300 g weiche Butter
250 g Zucker · Salz
5 Eier (Größe M)
375 g Mehl (Type 405)
3 TL Backpulver
6 EL Milch
2 EL Rum (nach Belieben)
1 TL abgeriebene Schale von 1 Bio-Zitrone
2 gestrichene EL Kakaopulver
1 Päckchen Bourbon-Vanillezucker

Außerdem:
Fett für die Form
Puderzucker zum Bestäuben

Für 1 Kranzform (18 Stück) · Pro Stück ca. 295 kcal
30 Min. Zubereitung · 55 Min. Backen

1. Weiche Butter mit den Quirlen des Handrührers sehr schaumig rühren. Zucker und 1 Prise Salz einrieseln lassen, ca. 2 Min. schaumig rühren. Nach und nach jedes Ei einzeln gründlich unterrühren. Mehl und Backpulver mischen und darübersieben. 3 EL Milch, Rum und die Zitronenschale dazugeben und alles bei kleiner Stufe gut verrühren.

2. Den Backofen auf 180° (Umluft 160°) vorheizen. Eine Kranzform gründlich einfetten. Den Teig halbieren. Kakao und Vanillezucker mit den übrigen 3 EL Milch glatt rühren und unter die eine Teighälfte rühren. Zuerst die Hälfte des hellen Teiges in die Form füllen, dann den Kakaoteig und schließlich den restlichen hellen Teig. Mit einer Gabel den Teig kreisförmig unterheben, sodass das typische Marmormuster entsteht. Den Kuchen im heißen Ofen (unten) 50–55 Min. backen. Stäbchenprobe machen. Den fertigen Kuchen aus dem Ofen nehmen und auf einem Kuchengitter 10 Min. abkühlen lassen. Aus der Form stürzen und ganz abkühlen lassen. Mit Puderzucker bestäuben.

Variante: Nusskuchen

200 g Vollmilchschokolade hacken, über dem heißen Wasserbad schmelzen und lauwarm abkühlen lassen. 200 g weiche Butter und 250 g Zucker mit den Quirlen des Handrührers sehr schaumig rühren. 6 Eier trennen. Ein Eigelb nach dem anderen unterrühren. 6 Eiweiße und 1 Prise Salz steif schlagen. 125 g Mehl (Type 405) und 1 TL Backpulver mischen, mit 200 g gemahlenen Haselnusskernen und der Schokolade unterrühren. Den Eischnee behutsam unterheben. Den Teig in eine gefettete Kastenform (30 cm Länge) füllen. Im heißen Ofen bei 180° (Umluft 160°) ca. 50 Min. backen. In der Form ca. 10 Min. abkühlen lassen, dann auf ein Kuchengitter stürzen und auskühlen lassen. Nach Belieben mit einem Schokoladenguss überziehen.

Käsekuchen

Mit oder ohne Rosinen, das ist die Frage, über die sich Käsekuchenliebhaber endlos streiten können. Hier kommt ein Rezept, das beide Fraktionen zufriedenstellen wird: Wer mag, gibt Rosinen hinein. Die anderen lassen sie weg. Ein wahrhaft salomonisches Käsekuchenurteil.

Für den Teig:
300 g Mehl (Type 405)
100 g Zucker · Salz
1 Ei (Größe M)
200 g kalte Butter

Für den Belag:
5 Eier (Größe M)
750 g Magerquark
175 g Zucker
abgeriebene Schale von 1 Bio-Zitrone
1 Päckchen Vanillepuddingpulver zum Kochen (oder 35 g Speisestärke)
200 g Sahne
2 EL Rosinen (nach Belieben)

Außerdem:
Mehl zum Verarbeiten
Fett für die Form
Backpapier zum Abdecken

Für 1 Springform (26 cm Ø, ca. 12 Stück) · Pro Stück ca. 460 kcal
35 Min. Zubereitung · 30 Min. Kühlen · 1 Std. Backen

1. Für den Teig das Mehl auf die Arbeitsfläche sieben. In die Mitte eine Mulde drücken, Zucker und 1 Prise Salz daraufstreuen und das Ei hineingeben. Butter in Flöckchen auf dem Rand verteilen. Alle Teigzutaten vom Rand aus rasch zu einem geschmeidigen Teig verkneten. Den Teig in Folie gewickelt 30 Min. kalt stellen.

2. Für den Belag die Eier trennen. Quark, Eigelbe, Zucker, Zitronenschale und Puddingpulver oder Speisestärke verrühren. Die Eiweiße steif schlagen und auf die Quarkcreme geben. Die Sahne sehr steif schlagen, auf den Eischnee geben und alles behutsam mit einem Holzlöffel oder Teigspatel unter die Quarkcreme heben.

3. Den Backofen auf 200° (Umluft 180°) vorheizen. Den Teig auf der bemehlten Arbeitsfläche rund ausrollen. Die Springform einfetten und mit dem Teig auskleiden, dabei einen Rand hochziehen. Den Teigboden mit einer Gabel mehrmals einstechen. Nach Belieben mit Rosinen bestreuen.

4. Die Käsemasse auf den Teigboden streichen. Den Kuchen im Ofen (unten) insgesamt 1 Std. backen. Nach 20 Min. mit einem kleinen Küchenmesser zwischen Teigrand und Füllung einschneiden, damit der Kuchen gleichmäßig aufgehen kann. Zu Ende backen, dabei zwischendurch mit Backpapier abdecken, falls er zu stark bräunt. Herausnehmen und vor dem Schneiden vollständig abkühlen lassen.

Gut zu wissen

Machen Sie sich keine Sorgen, falls die Käsemasse noch **sehr weich** wirkt, wenn Sie den Kuchen aus dem Ofen nehmen. Das ist normal: Erst beim Abkühlen wird der Käsekuchen endgültig fest. Deshalb müssen Sie mit dem Anschneiden auch warten, bis er wirklich kalt ist.

Donauwellen

Plötzlich war er da, dieser üppig geschichtete Kuchen – und zwar überall: auf Kuchenbüfetts in Schule und Kirche, beim Gartenfest und auf der Kaffeeklatschtafel. Nachbarinnen und Freundinnen übertrumpften sich gegenseitig mithilfe von Creme und Schokoguss. Uns Kindern war das egal. Wir liebten den Kuchen, egal wer ihn gebacken hatte.

Für den Teig:
250 g weiche Butter
200 g Zucker
6 Eier (Größe M)
Salz
375 g Mehl (Type 405)
2 gehäufte TL Backpulver
1 Glas Schattenmorellen (370 g Abtropfgewicht)
2 EL Milch
2 gestrichene EL Kakaopulver

Für die Vanillecreme:
1 Päckchen Vanillepuddingpulver zum Kochen
100 g Zucker
500 ml Milch
250 g weiche Butter

Für den Guss:
200 g Zartbitterkuvertüre
20 g Kokosfett

Außerdem:
Fett für das Backblech

Für 1 Backblech (ca. 20 Stück) · Pro Stück ca. 435 kcal
1 Std. 15 Min. Zubereitung · 1 Std. Abkühlen · 40 Min. Backen

1. Für den Teig weiche Butter und Zucker mit den Quirlen des Handrührers sehr schaumig schlagen. Ein Ei nach dem anderen und 1 Prise Salz unterrühren. Mehl und Backpulver mischen und portionsweise unterrühren. Die Kirschen auf ein Sieb geben und gut abtropfen lassen.

2. Den Backofen auf 180° (Umluft 160°) vorheizen. Ein Backblech einfetten. Zwei Drittel des Teiges darauf verstreichen. Unter den restlichen Teig Milch und Kakao rühren. Den dunklen Teig auf dem hellen verstreichen. Die Kirschen darauf verteilen. Im Ofen (Mitte) ca. 40 Min. backen. Herausnehmen und ganz abkühlen lassen.

3. Inzwischen für die Vanillecreme das Puddingpulver mit Zucker und 6 EL Milch glatt rühren. Restliche Milch aufkochen, angerührtes Puddingpulver dazugießen und unter Rühren einmal aufkochen. Den Pudding in eine Schüssel umfüllen und mit Frischhaltefolie bedecken (das verhindert, dass er eine Haut bekommt). 30–45 Min. abkühlen lassen, bis er gerade noch lauwarm ist.

4. Weiche Butter mit den Quirlen des Handrührers sehr schaumig schlagen. Den noch lauwarmen Pudding esslöffelweise unter die Butter rühren (weder Butter noch Pudding dürfen zu kalt sein, sonst gerinnt die Buttercreme). Die Buttercreme auf dem erkalteten Teigboden glatt streichen und den Kuchen 30 Min. kalt stellen.

5. Für den Schokoladenguss die Kuvertüre hacken, mit dem Kokosfett in eine Metallschüssel geben und über dem heißen Wasserbad schmelzen. Ca. 10 Min. abkühlen lassen, dann auf der festen Puddingcreme verstreichen. Mit einem gewellten Tortenkamm oder einer Gabel wellenförmige Linien in den Schokoladenguss ziehen. Fest werden lassen.

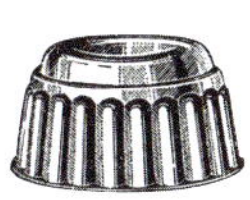

Zwetschgenkuchen

Eben lagen sie noch in der Schüssel, die blauen, bereiften Zwetschgen mit ihrem goldgelben Fleisch. Wenig später hat die Backofenhitze sie verwandelt: in einen intensiv dunkelroten Kuchenbelag, dessen Duft einem das Wasser im Mund zusammenlaufen lässt.

Für den Teig:
125 ml Milch
375 g Mehl (Type 550)
1/2 Würfel Hefe (20 g)
75 g Zucker
60 g weiche Butter
1 Ei (Größe M)
Salz

Für den Belag:
1,75 kg Zwetschgen
150 g Butter
100 g Mehl
100 g gemahlene Mandeln
150 g Zucker · Salz
50 g Mandelblättchen

Außerdem:
Fett für das Backblech
Mehl zum Verarbeiten

Für 1 Backblech (ca. 16 Stück) · Pro Stück ca. 380 kcal
1 Std. Zubereitung · 1 Std. 20 Min. Ruhen · 30 Min. Backen

1. Für den Hefeteig die Milch lauwarm erhitzen. Das Mehl in eine Schüssel geben und in die Mitte eine Mulde drücken. Die Hefe hineinbröckeln. Mit 3 EL Milch, 1 TL Zucker und etwas Mehl vom Rand verrühren. Die Schüssel mit einem Küchentuch abdecken und den Vorteig an einem warmen Ort ca. 15 Min. gehen lassen.

2. Übrige lauwarme Milch, restlichen Zucker, weiche Butter in Flöckchen, das Ei und 2 Prisen Salz zum gegangenen Vorteig geben. Zunächst mit den Knethaken des Handrührers, dann mit den Händen zu einem glatten Teig verkneten. Den Teig so lange kräftig kneten, bis er Blasen wirft. Den Teig weitere 45 Min. zugedeckt an einem warmen Ort bis etwa zur doppelten Größe gehen lassen.

3. In der Zwischenzeit die Zwetschgen waschen und gut abtropfen lassen. Die Zwetschgen oben und unten kreuzförmig einschneiden, an der Naht entlang einschneiden (aber nicht durchschneiden) und entsteinen. Für die Streusel die Butter schmelzen lassen. Mit Mehl, Mandeln, Zucker und 1 Prise Salz in eine Schüssel geben und zwischen den Händen zu Streuseln verreiben.

4. Das Backblech einfetten. Den Teig auf wenig Mehl in Blechgröße ausrollen und auf das Blech geben. Die Zwetschgen dachziegelartig darauflegen. Streusel darüber verteilen, Mandelblättchen aufstreuen. Den Teig weitere 20 Min. gehen lassen. Backofen auf 200° (Umluft 180°) vorheizen. Den Kuchen im Ofen (unten) ca. 30 Min. backen.

Schlichtere Variante

Wer ihn **ohne Streusel** machen möchte, bestreut den belegten Zwetschgenkuchen einfach vor dem Backen mit 4 EL Zucker (oder mit einer Mischung aus 4 EL Zucker und 1/2 TL Zimt).

Träubleskuchen

Locker türmt sich weißes Baiser über den Beeren und sorgt auf der Zunge für einen süßen Ausgleich zur frischen Säure. Es gibt Kombinationen, die so perfekt sind, dass sie unverändert von Generation zu Generation weitergegeben werden. Diese ist eine davon.

Für den Teig:
300 g Mehl (Type 405)
100 g Zucker · Salz
1 Ei (Größe M)
200 g kalte Butter

Für den Belag:
600 g Rote Johannisbeeren
7 Eiweiße
225 g Zucker
2 EL Speisestärke
2–3 EL Semmelbrösel

Außerdem:
Mehl zum Verarbeiten
Fett für die Form
Backpapier und Hülsenfrüchte zum Blindbacken

Für 1 Springform (26 cm Ø, ca. 12 Stück) · Pro Stück ca. 375 kcal
1 Std. Zubereitung · 30 Min. Kühlen · 1 Std. 10 Min. Backen

1. Für den Teig das Mehl auf die Arbeitsfläche sieben. In die Mitte eine Mulde drücken, Zucker und 1 Prise Salz daraufstreuen und das Ei hineingeben. Butter in Flöckchen auf dem Rand verteilen. Alle Teigzutaten vom Rand aus rasch zu einem geschmeidigen Teig verkneten. Den Teig in Folie gewickelt 30 Min. kalt stellen.

2. Den Backofen auf 180 (Umluft 160°) vorheizen. Den Teig auf der bemehlten Arbeitsfläche rund ausrollen. Eine Springform einfetten und mit dem Teig auskleiden, dabei einen 3 cm hohen Rand bilden. Den Teigboden mit einer Gabel mehrmals einstechen, mit Backpapier belegen und mit getrockneten Hülsenfrüchten beschweren. Im Backofen (unten) 20 Min. vorbacken. Herausnehmen und das Backpapier mitsamt den Hülsenfrüchten entfernen. Backofen nicht abschalten.

3. In der Zwischenzeit für den Belag die Johannisbeeren waschen, trocken tupfen und von den Rispen streifen. Die Eiweiße zu ganz steifem Eischnee schlagen, den Zucker dazugeben und weitere 5 Min. schlagen. Speisestärke unterrühren. 4 EL des Eischnees beiseitestellen. Die Beeren behutsam unter den Rest Eischnee heben.

4. Die Semmelbrösel auf den Kuchenboden streuen. Die Johannisbeerfüllung daraufgeben und glatt streichen. Den beiseitegestellten Eischnee darauf verteilen. Weitere ca. 50 Min. backen, dabei zwischendurch mit Backpapier abdecken. Das Baiser sollte nur ganz leicht gelblich sein. Den Kuchen herausnehmen und auf einem Kuchengitter in der Form vollständig auskühlen lassen.

Restetipp

7 Eigelbe bleiben bei diesem Rezept übrig – ein prima Anlass, um Eierlikör zu machen. Ein Rezept dafür finden Sie auf Seite 213.

Apfelkuchen

Apfelkuchen und Sonntag gehören zusammen wie Tischdecke und gutes Geschirr, Filterkaffee und Blümchenkanne, Braten und Spaziergang. Deshalb ist sie sofort da, die feiertägliche Stimmung, wenn der süßsäuerliche Duft nach gebackenen Äpfeln aus dem Ofen zieht.

Für den Teig:
300 g Mehl (Type 405)
125 g Zucker · Salz
1 Ei (Größe M)
200 g kalte Butter
2–3 EL Semmelbrösel

Für den Belag:
1 kg säuerliche, mürbe Äpfel (am besten eignen sich Boskop)
3 EL Saft und 1 TL abgeriebene Schale von 1 Bio-Zitrone
75 g Zucker
1 Päckchen Bourbon-Vanillezucker
50 g Rosinen
1–2 Prisen Zimtpulver

Außerdem:
Mehl zum Verarbeiten
Fett für die Form
1 Eigelb
1 EL Milch

Für 1 Springform (26 cm Ø, 12 Stück) · Pro Stück ca. 345 kcal
1 Std. Zubereitung · 30 Min. Kühlen · 55 Min. Backen

1. Für den Teig das Mehl auf die Arbeitsfläche sieben und eine Mulde in die Mitte drücken. Zucker und 1 Prise Salz daraufstreuen und das Ei hineingeben. Die Butter in Flöckchen auf dem Rand verteilen. Alle Teigzutaten vom Rand her rasch zu einem geschmeidigen Teig verkneten. Den Teig in Folie gewickelt 30 Min. kalt stellen.

2. Inzwischen für den Belag die Äpfel schälen, vierteln, entkernen und die Viertel in feine Scheibchen schneiden. Die Apfelscheiben in einer Schüssel mit Zitronensaft, -schale, Zucker, Vanillezucker, Rosinen und Zimt mischen.

3. Den Backofen auf 180° (Umluft 160°) vorheizen. Drei Viertel des Teiges auf der bemehlten Arbeitsfläche rund ausrollen. Die Springform einfetten und mit dem Teig auskleiden, dabei einen Rand von 3 cm hochziehen. Den Teigboden mit einer Gabel einstechen und mit Semmelbröseln bestreuen. Den restlichen Teig auf wenig Mehl ausrollen und in schmale Streifen schneiden.

4. Die Apfelmischung auf dem Teigboden verteilen. Die Teigstreifen als Gitter darüberlegen. Eigelb und Milch verquirlen und das Teiggitter damit bestreichen. Den Kuchen im heißen Ofen (unten) 50–55 Min. backen. Einige Min. in der Form stehen lassen, dann aus der Form lösen und auf einem Kuchengitter vollständig auskühlen lassen.

Mürbeteigtipp

Die **Blitzmethode** für den Mürbeteigboden geht so: Die weiche (!) Butter mit Salz, Zucker und Ei mit den Quirlen des Handrührgeräts glatt rühren, dann mit den Knethaken schnell das Mehl unterarbeiten und den Teig gleich mit den Händen in die Form drücken. 30 Min. kalt stellen. Und bloß nicht Oma weitererzählen!

Backe, backe

Apfelkuchen

Oh Apfelkuchen, du bist der beständigste Obstkuchen von allen. Erdbeertorte, Träubleskuchen, Zwetschgendatschi – alle wunderbar, aber gegen dich die reinsten Eintagsfliegen. Du dagegen bist im September so gut wie im Januar und gibst uns rund ums Jahr einen fruchtigen Grund, den Kaffeetisch zu decken.

Wobei: So ganz rund ums Jahr haben Äpfel eigentlich keine Saison, auch wenn die Supermärkte es uns gerne vergessen lassen. Doch was dort von Juni bis August zum Zugreifen lockt, stammt meist von der Südhalbkugel. Nicht schlimm: In diesen Monaten finden wir den Obstkorb so wohlgefüllt mit Beeren aller Farben, dass wir getrost auf die ersten heimischen Äpfel warten können.

Lagerobst waren Äpfel schon zu Großmutters Zeiten. Damals ließ sich die Saison allerdings noch nicht bis Mai ausdehnen. Im kühlen Keller hielten sich bestimmte Apfelsorten bis Januar, vielleicht Februar, aber danach kam eine lange, trostlose Zeit ohne frisches Obst. Man kann sich vorstellen, welche Begeisterung der erste Rhabarber auslöste – und erst die erste Walderdbeere! Und wenn wir es heute gewohnt sind, im März in einen ebenso knackigen und saftigen Apfel zu beißen wie Ende August: Das ist erst eine Errungenschaft moderner Lagerungsmethoden. Früher wurden die Äpfel im Keller von Woche zu Woche runzliger und mürber. Zum Hineinbeißen verlockten sie irgendwann nicht mehr – aber für Apfelkuchen ließen sie sich immer noch hervorragend verwenden.

Wer zählt die Sorten, nennt die Namen?

Mürbe sollen sie nämlich ohnehin werden, die Äpfel in einem guten gebackenen Apfelkuchen, und sie sollen dem süßen Teig eine ausgleichende Portion Säure entgegensetzen. Aromatisch sollen sie sein, aber möglichst nicht allzu saftig. Dafür eignen sich nur bestimmte Sorten. Der Klassiker unter ihnen ist sicher der Boskop: Seine herbe Säure hinderte ihn an einer Karriere als Tafelapfel, aber zum Backen und Kochen (und als Bratapfel!) ist er erste Wahl. Leider findet man ihn nur noch selten im Supermarkt, weil er dem gängigen Ideal vom rotbackigen Schneewittchenapfel nicht entspricht. Beim Apfelbauern auf dem Markt oder im Bioladen hat man meist mehr Glück.

Der Cox Orange dagegen ist das Multitalent unter den Apfelsorten: Sein festes, knackiges Fleisch wird beim Backen mürbe, aber nicht zu weich. Säure und Süße halten sich bei ihm die Waage, und vor allem besticht er durch seinen typischen, etwas muskatartigen Duft und Geschmack.

Ein guter Kuchen- und Kompottapfel ist auch der Elstar, während Golden Delicious zu wenig Säure mitbringt. Die wiederum hat der Granny Smith reichlich – ihm fehlt dafür ein ausgeprägtes Aroma, das den Apfelkuchen erst reizvoll macht.

Großmutter kannte noch wesentlich mehr Apfelsorten, von denen beinahe jede ihren speziellen Nutzen hatte: zum Sofortessen die einen, zum Einlagern die anderen, gute Backäpfel, gute Kompottäpfel, gute Saftäpfel. Und von manchem Baum auf der Obstwiese wusste sie zwar den Sortennamen nicht (falls er einen besaß), sondern nur, ob er würzig oder mild, saftig oder mürbe, sauer oder süß schmeckte. Die meisten dieser Sorten sind inzwischen verschwunden, weil sie sich nicht zum Anbau im industriellen Stil eignen. Nur auf Wochenmärkten trifft man noch gelegentlich Apfelbauern, die alte oder regionale Sorten anbieten. Gehen Sie hin, schnuppern Sie, probieren Sie und entdecken Sie neue Apfelwelten: den saftigen Klarapfel, die rotschalige, weißfleischige Ingrid Marie oder die aromatische Goldparmäne.

Der allerschnellste Apfelkuchen

Oh – Sie haben so lange probiert und ausgewählt, dass Sie nun keine Zeit mehr zum Kuchenbacken haben? In diesem Fall hätte Mutter früher ihren allerschnellsten Apfelkuchen gemacht. Zugegeben: Er bringt einen um die Vorfreude, die mit warmem Kuchenduft verbunden ist. Aber manchmal gibt es eben Wichtigeres als Kuchenduft: barfuß laufen auf einer Wiese zum Beispiel, oder im Liegestuhl Krimis lesen, oder die Rosen bewundern. Deshalb einfach stückiges Apfelkompott aus dem Vorrat in fertig gekaufte Mürbeteigtartelettes löffeln, Sahne schlagen und die Törtchen damit verzieren. Und dann zusammen mit einem Becher Kaffee nach draußen tragen, ein lauschiges Plätzchen suchen und die Sonne genießen, die unsere Lieblingsäpfel reifen lässt.

Einmachen

Der Anblick der großmütterlichen Speisekammer war ein beeindruckendes Erlebnis: Regale bogen sich unter ihrer Last. Auf den Brettern warteten Marmelade, Kompott und süßsauer Eingemachtes auf ihren Einsatz. Kam der Sommer und mit ihm die Erntezeit im Garten, standen auf dem Küchentisch reihenweise Einmachgläser zum Abkühlen. Und der Rest Konfitüre, der kein ganzes Glas mehr füllte, durfte sofort und noch warm aufs Brot gestrichen werden. Ein bisschen von dieser Sommerstimmung lässt sich mit unseren Rezepten wieder einfangen.

Holunderblütensirup

Zwischen Feldern und am Waldrand verströmt im Juni und Juli der Holunder seinen intensiven Blütenduft. Etwas von diesem berauschenden Aroma lässt sich im Sirup bewahren und schlückchenweise genießen, wenn der Holunderstrauch längst Beeren angesetzt hat.

2 Bio-Zitronen
1 kg Zucker
30 voll aufgeblühte Holunderblütendolden
25 g Zitronensäure (siehe Tipp)

Für 2 l Sirup · Pro Portion (50 ml) ca. 100 kcal
30 Min. Zubereitung · 2 Tage Durchziehen

1. Die Zitronen heiß abwaschen, abtrocknen, auspressen, die Schalen aufbewahren. Zucker mit 2 l Wasser aufkochen, Zitronensaft und -schalen dazugeben und abkühlen lassen. Die Holunderblüten in die kalte Zuckerlösung legen. Den Topf mit einem Tuch abdecken und 2 Tage an einem sonnigen Platz durchziehen lassen.

2. Blüten und Zitronenschalen mit einer Schaumkelle herausheben und wegwerfen. Den Sud durch ein Passiertuch oder eine Mullwindel in einen zweiten Topf gießen. Die Zitronensäure hinzufügen. Den Sirup unter Rühren aufkochen und gleich in heiß ausgespülte Flaschen füllen. Die Flaschen sofort verschließen.

Gelingtipps

Sammeln Sie möglichst voll aufgeblühte **Holunderblüten** und achten Sie darauf, keine Dolden einzupacken, auf denen Blattläuse sitzen. Da es der Blütenstaub ist, der das Aroma des Sirups ausmacht, sollten Sie nämlich darauf verzichten, die Blüten ab- und damit den Blütenstaub fortzuspülen. Gefiltert wird der Sirup ja ohnehin zum Schluss.
An einem kühlen dunklen Ort **aufbewahrt,** hält sich der Sirup mindestens 6 Monate.
Für eine **Holunderlimonade** geben Sie 1–2 Fingerbreit Sirup in ein Glas und füllen es mit kaltem, kohlensäurehaltigem Mineralwasser im Verhältnis 1 : 6 auf. Einen duftenden Aperitif erhalten Sie, wenn Sie den Sirup statt mit Mineralwasser mit der gleichen Menge Sekt oder Champagner aufgießen.
Und noch ein Einkaufstipp: **Zitronensäure** bekommen Sie in der Apotheke, in manchen Supermärkten oder in türkischen Lebensmittelgeschäften.

HOLUNDER
BLÜTEN
SIRUP
HOLUNDER
BLÜTEN
SIRUP

Zweimal ernten erlaubt:

Holunder

Beim frühsommerlichen Spaziergang kann es passieren, dass man plötzlich wie eingehüllt ist von einer berauschenden Duftwolke: Der Holunder blüht. Über und über ist er von weißen, tellerflachen Blütendolden bedeckt, die nur darauf warten, für Sirup gepflückt zu werden. Ein wunderbarer Grund, mal wieder eine Landpartie zu unternehmen!

Der Holunderstrauch ist ein Naturbursche. Trotz seiner hübschen Blüten und der nicht weniger attraktiven lackschwarzen Beeren steht er nur selten in Gärten. Umso häufiger ist er dafür an Feld- und Waldrändern anzutreffen, wo er seinen aromatischen Reichtum an die Vorübergehenden verschenkt. Aber nicht viele erkennen den Wert der Gabe.

Geschenke der Natur

Nicht mehr, muss man wohl sagen. Viel Wissen über essbare Wildfrüchte und -kräuter ist verloren gegangen, seit Kulturobst und -gemüse das ganze Jahr in bester Qualität und zu niedrigen Preisen erhältlich sind. Schon lange greifen auch unsere Großmütter lieber zu Tiefkühlspinat, als mühsam Melde oder Brennnesseln zu sammeln und zu kochen. Und wer kann es ihnen verdenken? Verloren gegangen sind damit aber auch manche Aromen. Wer weiß denn noch, wie Löwenzahnsirup schmeckt? Wer kennt die herbe Note einer Ebereschenkonfitüre? Wer die sanfte, beinahe vanilleartige Süße von Hägenmark, wie Hagebuttenkonfitüre auch genannt wird? Lediglich der Bärlauch hat in den letzten Jahren ein ungeahntes Comeback erlebt. Vielleicht zeigt sich daran ja auch eine Sehnsucht nach dem Echten, danach, etwas mit eigenen Händen zu sammeln und zuzubereiten. Dem Bärlauch hat seine neue Popularität nicht nur Gutes gebracht. Schon wird dazu aufgerufen, die bekannten Bestände zu schonen und nicht rücksichtslos abzuernten, weil sie sonst zurückgehen könnten.
Für den Holunder gilt das zum Glück nicht. Nur wer von ein und demselben Strauch sowohl Blüten als auch Beeren ernten will, tut gut daran, zur Blütezeit keinen Kahlschlag vorzunehmen. Aber das dürfte sich von selbst verstehen. Ansonsten sollten Sie lediglich darauf achten, nicht gerade Sträucher anzusteuern, die am Rand gespritzter Felder stehen, direkt an Straßen oder Bahngleisen. Ach ja, und noch eine kleine Warnung: Lassen Sie sich nicht von der norddeutschen Bezeichnung Fliederbeeren für Holunderbeeren in die Irre führen! Ihren Gartenflieder sollten Sie auf keinen Fall plündern. Der ist nämlich giftig, wenn auch nur schwach.

Gesundheit zum Pflücken

Auch Holunderbeeren müssen im Übrigen durch ein Hitzebad gehen, bevor sie genießbar werden. Aber im rohen Zustand sind sie ohnehin so herb, dass niemand auf die Idee käme, sie zum puren Genuss zu essen. Als Gelee, Konfitüre oder Saft aber schmecken sie nicht nur großartig, sondern sind sogar richtig gesund. Das liegt vor allem an ihrer Extraportion Vitamin C und Kalium.
Von dem gesundheitlichen Wert des Holunders waren auch unsere Großmütter fest überzeugt. Deshalb haben sie im September auch immer einige Flaschen Saft eingekocht – selbst zu Zeiten, als sie anderen Wildfrüchten bereits den Rücken gekehrt hatten. Fing irgendjemand im Winter an zu schniefen oder bekam einen fiebrig-glasigen Blick, wurde sofort eine Flasche Holunderbeersaft aus der Speisekammer geholt, erhitzt und mit Honig gesüßt. Dann bekamen wir ihn vorgesetzt, mit der strengen Auflage, das Gebräu so heiß wie möglich zu trinken. Und tatsächlich: Häufig ließ sich die aufziehende Erkältung dadurch noch in die Flucht schlagen. Ob das aber an den gesunden Inhaltsstoffen des Holunders lag – wer weiß? Vielleicht hatte es auch einfach damit zu tun, dass Holunder die Laune hob. Schauten wir uns nämlich nach dem Trinken im Spiegel an, wollten wir uns kugeln vor Lachen: Die Zunge war blau geworden wie bei einem Chow-Chow.

FRUGIER

Holunderbeergelee

Lange durften sie nicht hängen, die glänzenden schwarzen Beerendolden am Holunder hinter dem Haus. Sie mussten geerntet werden, bevor sich die Vögel daran gütlich taten. Denn sonst war die weiße Wäsche gefährdet, die zum Trocknen im Garten wehte …

2 kg Holunderbeeren
500–700 ml Apfelsaft
2 kg Gelierzucker 1 : 1
6 EL Zitronensaft

Für 8 Gläser à 400 ml · Pro Glas ca. 1140 kcal · 1 Std. Zubereitung

1. Die Holunderbeeren in stehendem Wasser waschen, auf ein Sieb geben und abtropfen lassen. Die Beeren mit einer Gabel oder mit den Händen von den Dolden streifen.

2. Die Beeren mit 500 ml Wasser in einen großen Topf geben und aufkochen. Zugedeckt bei mittlerer Hitze etwa 5 Min. kochen lassen, bis die Beeren aufgeplatzt sind. Ein großes Sieb mit einem Passiertuch oder einer Mullwindel auslegen und über eine Schüssel hängen. Das Fruchtmus in das Sieb geben und den Saft abtropfen lassen. Das Tuch zusammendrehen und das Mus so gut wie möglich auspressen. Den so gewonnenen Holundersaft abmessen (er sollte ca. 1,5 l ergeben) und mit Apfelsaft auf 2 l auffüllen.

3. Saftmischung mit Gelierzucker und Zitronensaft in einen Topf geben und unter Rühren aufkochen. Bei mittlerer Hitze so lange sprudelnd kochen lassen, bis der Saft leicht dickflüssig wird. Das dauert 15–20 Min. Dabei sich bildenden Schaum mit der Schaumkelle abschöpfen. Die Gelierprobe machen: Einen Tropfen Saft auf eine Untertasse geben. Geliert er sofort, ist das Gelee fertig, sonst noch weiterkochen lassen.

4. Gläser mit Twist-off-Deckeln heiß ausspülen und abtropfen lassen. Das flüssige Gelee einfüllen, die Gläser fest verschließen und für 20 Min. umgedreht auf ein Küchentuch stellen. Dann die Gläser umdrehen und ganz abkühlen lassen.

Küchenpraxistipp

Holunderbeeren **färben** sehr stark. Ziehen Sie daher zum Abstreifen der Beeren von den Dolden möglichst Haushaltshandschuhe an und verwenden Sie zum Abtropfenlassen kein gutes Geschirrtuch, sondern eines, bei dem Flecken nicht weiter stören.

Zwetschgenmus

Früher verriet ein leicht mostiger Geruch aus alten Obstgärten, dass der Spätsommer gekommen war. Reife Zwetschgen plumpsten von den Bäumen und zogen Wespen an, bis eines Tages die ganze Familie mit Eimern kam, um die Früchte zu ernten und einzukochen. In dem dunklen Mus liegt auch heute noch die ganze Süße des Sommers.

2 kg Zwetschgen (möglichst eine spätreife Sorte, siehe Tipp)
400 g Zucker
3–4 Zimtstangen
Schale einer Bio-Zitrone

Für 4 Gläser à 400 ml · Pro Glas ca. 620 kcal
45 Min. Zubereitung · 2 Std. Einkochen

1. Die Zwetschgen waschen, Stiele entfernen, die Früchte halbieren und entsteinen. Die Hälften in einen großen Topf geben, unter Rühren langsam erhitzen und ca. 15 Min. bei mittlerer Hitze kochen, bis sie im eigenen Saft zusammenfallen und weich sind.

2. Den Backofen auf 150° (Umluft 130°) vorheizen. Die Zwetschgen in der Saftpfanne des Backofens mit 200 g Zucker mischen. Die Zimtstangen und die Zitronenschale dazugeben und alles in den heißen Backofen schieben (Mitte). Die Früchte ca. 30 Min. einkochen lassen, dann den restlichen Zucker untermischen und alles ca. 1 Std. weiter einkochen lassen, bis das Mus beim Durchrühren nicht mehr vom Kochlöffel fließt (beim Rühren müssen sich »Straßen« bilden). Die Zimtstangen und die Zitronenschale entfernen.

3. Das Mus randvoll in heiß ausgespülte Gläser mit Twist-off-Deckeln füllen. Die Gläser verschließen und für ca. 20 Min. umgedreht stehen lassen, umdrehen und das Zwetschgenmus abkühlen lassen.

Gelingtipp

Das beste Zwetschgenmus lässt sich aus **späten, schon leicht verschrumpelten Früchten** zubereiten. Die Einkochzeit hängt von ihrer Süße ab: Je mehr Zucker (und folglich je weniger Wasser) die Zwetschgen enthalten, desto kürzer ist die Einkochzeit. Testen Sie deshalb gelegentlich mit dem Kochlöffel, ob das Mus schon die richtige Konsistenz erreicht hat.

Roh gerührte

Johannisbeer-konfitüre

Die Augen schließen und in eine Scheibe Brot mit roh gerührter Konfitüre beißen: Sofort steigt die Erinnerung an sonnenwarme Beeren auf, direkt vom Strauch genascht; an zerkratzte Arme vom Brombeerpflücken, an Schwarze Johannisbeeren, die einem den Mund zusammenzogen. Das ist Sommer auf der Zunge.

500 g Schwarze Johannisbeeren
1 TL abgeriebene Schale von 1 Bio-Zitrone
500 g Gelierzucker 1 : 1

Für 3 Gläser à 300 ml · Pro Glas ca. 720 kcal · 30 Min. Zubereitung

1. Die Johannisbeeren waschen, gut abtropfen lassen und von den Rispen streifen. Die Beeren mit Zitronenschale und Gelierzucker entweder mit den Quirlen des Handrührers oder in der Küchenmaschine ca. 15 Min. rühren, bis die Konfitüre dicklich wird.

2. Kleine Gläser mit Twist-off-Deckeln sehr heiß ausspülen und abtropfen lassen. Die Konfitüre einfüllen und die Gläser verschließen. Die Konfitüre entweder im Kühlschrank aufbewahren oder die Gläser einfrieren und nach Bedarf auftauen.

Varianten mit anderen Beeren

Auf dieselbe Art und Weise können auch roh gerührte **Himbeer-** und **Brombeerkonfitüren** hergestellt werden. Sie alle sollten nach dem Öffnen innerhalb von wenigen Tagen verbraucht werden.

Erdbeerkonfitüre

Nicht nur auf dem Frühstücksbrot fand Erdbeerkonfitüre früher ihre Bestimmung, sondern auch als fruchtige Füllung für die Biskuitrolle, die bei besonderen Gelegenheiten die Kaffeetafel zierte.

1 kg kleine, aromatische Erdbeeren
1 kg Gelierzucker 1 : 1
3 EL Zitronensaft

Für 4 Gläser à 400 ml · Pro Glas ca. 1065 kcal
45 Min. Zubereitung · 1 Nacht Durchziehen

1. Die Erdbeeren waschen, gut abtropfen lassen und entkelchen. Größere Früchte halbieren, kleinere ganz lassen. Die Früchte in einen Topf geben und mit dem Zucker vermischen. Über Nacht abgedeckt Saft ziehen lassen.

2. Am nächsten Tag den Zitronensaft hinzufügen. Die Mischung unter Rühren aufkochen und bei großer Hitze 4 Min. sprudelnd kochen lassen, dabei sich bildenden Schaum abschöpfen.

3. Gläser mit Twist-off-Deckeln heiß ausspülen und abtropfen lassen. Die heiße Konfitüre einfüllen, die Gläser fest verschließen und für 20 Min. umgedreht auf ein Küchentuch stellen. Dann die Gläser umdrehen und ganz abkühlen lassen.

Aufbewahrungstipp

Stellen Sie die Gläser an einen **dunklen Ort,** also zum Beispiel in einen Schrank. So bleibt die rote Farbe der Früchte erhalten.

Apfelgelee

Apfelgelee erforderte eine ruhige Hand, sonst glitt der hellgelbe, süße Aufstrich von seinem glatten Brot-und-Butter-Untergrund und tropfte aufs Frühstücksbrettchen. Weshalb manchmal noch das folgende Käsebrot nach Apfelgelee schmeckte.

4 kg Äpfel (möglichst unreife Äpfel, auch Fallobst)
1–1,5 kg Zucker
2–3 EL Zitronensaft

Für 5 Gläser à 400 ml · Pro Glas ca. 895 kcal
45 Min. Zubereitung · 6 Std. Abtropfen · 1 Std. 10 Min. Kochen

1. Die Äpfel waschen, trocknen und alle schlechten Stellen großzügig herausschneiden. Äpfel in grobe Stücke schneiden. Mit 500 ml Wasser in einen Topf geben und mit geschlossenem Deckel aufkochen. Sobald das Wasser kocht, die Hitze etwas reduzieren und die Äpfel ca. 40 Min. kochen lassen, bis sie zerfallen sind. Dabei ab und zu umrühren. Ein großes Sieb mit einem Passiertuch oder einer Mullwindel auslegen und über eine Schüssel hängen. Die Apfelmasse hineingeben und mehrere Stunden oder über Nacht abtropfen lassen. Auf keinen Fall ausdrücken, sonst wird der Saft trübe.

2. Den gewonnenen Apfelsaft abmessen. In einem Topf mit der gleichen Menge Zucker (auf 1 l Saft 1 kg Zucker nehmen) und dem Zitronensaft aufkochen und bei kleiner Hitze ca. 30 Min. kochen lassen. Unbedingt eine Gelierprobe machen: Einen Tropfen flüssiges Gelee auf einen kleinen Teller geben. Geliert er, das Gelee abfüllen. Sonst noch weiter einkochen.

3. Gläser mit Twist-off-Deckeln heiß ausspülen. Das Gelee einfüllen, die Gläser fest verschließen und für 20 Min. umgedreht auf ein Küchentuch stellen. Dann umdrehen und ganz abkühlen lassen.

Variante: Apfelkraut

Den Apfelsaft in einem Topf aufkochen und ohne Zugabe von Zucker bei großer Hitze einkochen, dabei immer wieder umrühren. Nach ca. 30 Min. wird die Flüssigkeit recht zäh. Ab jetzt häufig rühren, um Anbrennen zu verhindern. Weiter einkochen, bis das Apfelkraut sirupartig und tiefbraun ist. Das dauert ca. 15–30 Min. In heiß ausgespülte Gläser mit Twist-off-Deckeln füllen und fest verschließen.

P F E L

Quittengelee

Roh ungenießbar, aber gekocht – was für ein Aroma! Beinahe wäre die Quitte vollends in Vergessenheit geraten. Gerade noch rechtzeitig riefen uns türkische Gemüsehändler in Erinnerung, was in den gelben, harten Früchten für süße Möglichkeiten stecken.

2 kg Quitten
2 Bio-Zitronen
800 g–1 kg Zucker

Für 4 Gläser à 400 ml · Pro Glas ca. 900 kcal
50 Min. Zubereitung · 2 Std. Kochen

1. Die Quitten mit einem Tuch abreiben. Danach waschen, trocknen, vierteln, entkernen und die Viertel klein schneiden. Die Zitronen heiß abspülen, Saft auspressen und Schale mit dem Sparschäler abschälen. Saft und Schalen mit Quitten und 2 l Wasser in einem Topf aufkochen. Geschlossen ca. 2 Std. leicht kochen lassen, bis die Früchte ganz weich sind und zerfallen. Zitronenschale entfernen. Ein großes Sieb mit einem Passiertuch oder einer Mullwindel auslegen und über eine Schüssel hängen. Das Fruchtmus hineingeben und den Saft abtropfen lassen. Nicht ausdrücken, damit der Saft klar bleibt.

2. Den Quittensaft abmessen. Auf 1 l Saft 800 g Zucker nehmen und mit dem Saft aufkochen. Bei mittlerer Hitze so lange sprudelnd kochen lassen, bis der Saft leicht dickflüssig wird. Das dauert 15–20 Min. Den sich bildenden Schaum abschöpfen. Gelierprobe machen: Einen Tropfen Saft auf einen Teller geben. Geliert er, das Gelee in heiß ausgespülte Gläser mit Twist-off-Deckeln füllen, die Gläser fest verschließen und für 20 Min. umgedreht auf ein Küchentuch stellen. Dann die Gläser umdrehen und ganz abkühlen lassen.

Resteverwertung: Quittenbrot

Das von der Geleezubereitung übrig gebliebene Quittenmus pürieren und durch ein Sieb streichen. In einem Topf mit der gleichen Menge Zucker vermischen, 5 EL Zitronensaft zugeben. Unter ständigem Rühren aufkochen und bei ganz kleiner Hitze ca. 1 Stunde sehr fest einkochen. Den Backofen auf 100° (Umluft 80°) vorheizen. Quittenmus ca. 1,5 cm hoch auf ein mit Backpapier ausgelegtes Blech streichen. Quittenbrot 3–4 Std. im Ofen trocknen, dabei die Backofentür mithilfe eines Kochlöffels einen Spalt offen stehen lassen. Ofen ausschalten, Blech über Nacht darin stehen lassen. Am nächsten Tag das Quittenbrot mit Zucker bestreuen, in kleine Stücke schneiden.

Sommer im Glas:
Marmelade

Mit Rhabarber fing es an. Ab Juni ging es dann Schlag auf Schlag: Im Garten reiften Erd-, Him-, Brom- und Johannisbeeren, und Glas um Glas wanderte, säuberlich beschriftet, in die Speisekammer. Erst wenn das letzte Fallobst zu Gelee gekocht war, holte Großmutter wieder tief Luft. Fertig! Bis zum Beginn der nächsten Rhabarbersaison …

»Magst du ein Glas Erdbeermarmelade mitnehmen?« Gerne nehmen wir die mütterliche oder großmütterliche Gabe an. Und während wir uns genüsslich eine Scheibe Brot bestreichen, sind wir froh, dass wir die Sommermonate nicht rührend hinter dem Marmeladentopf verbringen müssen.

Lust statt Last

Selbst gekochte Marmelade: Heute ist sie eher Luxus als Notwendigkeit. Selbst wer einen Garten besitzt, ist nicht mehr gezwungen, den gesamten Reichtum an Früchten auf einmal zu verarbeiten. Rhabarber, Beeren, Äpfel, Birnen lassen sich nämlich hervorragend einfrieren (Beeren auf einem Tablett ausgebreitet anfrosten und erst dann in Gefrierbeutel füllen). Wenn dann die Sehnsucht nach Marmeladenduft auftaucht, weckt man einfach ein paar Früchte aus ihrem eisigen Schlaf – und darf Marmeladenkochen als genussvolle Beschäftigung erleben statt als Pflicht.
Abgesehen davon hat diese Methode noch einen weiteren Vorteil: Zwar hält sich Marmelade gut und gern ein Jahr, aber sie verliert dabei langsam an Aroma. Und gab es nicht in Großmutters Vorratskammer ein paar Gläser, die noch aus dem vorvorletzten Jahr stammten und von der Ausbeute des aktuellen Sommers immer weiter nach hinten gedrängt wurden? Frisch gekocht schmeckt Marmelade am besten, und wer kleine Portionen einmacht, fördert nicht irgendwann prähistorische Gläser aus dem Schrank zutage.

Süß, süßer, am süßesten

Wer sich auf die Suche nach dem Marmeladengeschmack der Kindheit macht, muss zunächst eines ablegen: die Angst vor Zucker. Unsere Großmütter verfuhren nämlich im Großen und Ganzen nach einem simplen Rezept: ein Teil (geputzter, vorbereiteter) Früchte, ein Teil Zucker – und zwar ganz normaler Haushaltszucker. Die süße Zutat konservierte, während für das Gelieren die Säure und das Pektin aus den Früchten verantwortlich waren. Eine so hergestellte Marmelade musste lange kochen, bis sie abgefüllt werden konnte. Einfacher und vor allem schneller wurde die Angelegenheit, als Gelierzucker auf den Markt kamen, denen Pektin bereits zugesetzt war. Die Fruchtmasse muss seitdem nur noch kurz kochen – was auch Vitamine und Aromen schont. Aber auch Gelierzucker wird grundsätzlich im Verhältnis 1 : 1 verwendet. Inzwischen gibt es auf dem Markt auch Gelierzucker 2 : 1 und sogar 3 : 1. Hier wird ein Teil Zucker mit der doppelten oder dreifachen Menge Frucht kombiniert. Diese Zucker enthalten neben Pektin auch Konservierungsstoffe. Die Gleichung klingt einfach: Je weniger Zucker, desto mehr Frucht – heißt automatisch mehr Aroma. So einfach sie ist, so wenig allgemeingültig ist sie. Die Wahrheit lautet: Alles ist Geschmackssache. Denn Zucker bringt in manchen Früchten das Aroma erst so richtig zum Strahlen. Wenn Sie auf der Suche nach Großmutters Marmeladengeschmack sind, probieren Sie ruhig das Verhältnis 1 : 1 aus. Beim nächsten Marmeladekochen können Sie immer noch den Zuckergehalt reduzieren. Auch das ist ein Vorteil des Einmachens in kleinen Portionen.
Ach ja: Offiziell und nach Willen der EU-Konfitürenverordnung haben wir hier die ganze Zeit über Konfitüre gesprochen, nicht über Marmelade. Marmelade darf nämlich eigentlich nur heißen, was aus Zitrusfrüchten hergestellt wurde. Aber solange wir die Erzeugnisse unserer Einmachkunst nicht verkaufen, kann uns das egal sein. Der süße Erdbeeraufstrich schmeckt genauso gut, wenn wir ihn regelwidrig Marmelade nennen. So wie Großmutter es tut.

Eingeweckte Aprikosen

Es gibt Obstsorten, die frisch gegessen ganz nett sind, zu Höchstform aber erst durch Hitze auflaufen. Aprikosen gehören dazu. Ob eingeweckt, als Konfitüre oder in Marillenknödeln – immer ist es das Kochen, das ihnen den unvergleichlichen Geschmack entlockt.

400 g Zucker
3 EL Zitronensaft
2 kg reife, aber nicht zu weiche Aprikosen

Für 4 Gläser à 500 ml · Pro Glas ca. 1060 kcal
40 Min. Zubereitung · 1 Std. 25 Min. Einkochen

1. Zucker und Zitronensaft mit 1 l Wasser in einem Topf aufkochen. Gleichzeitig Wasser im Wasserkocher erhitzen. Den Backofen auf 200° (Umluft 180°) vorheizen. Die Aprikosen waschen, abtropfen lassen, die Schale über Kreuz leicht einritzen und die Früchte in eine Schüssel legen. Mit dem kochend heißen Wasser übergießen, ca. 30 Sek. stehen lassen, dann in ein Sieb geben und kalt abspülen. Die Früchte häuten, halbieren und entkernen. Die Früchte dicht an dicht in die Einmachgläser füllen. Mit dem heißen Zuckersirup bis 2 cm unter den Rand aufgießen. Die Glasränder säubern, die Deckel mitsamt Gummiringen aufsetzen und die Gläser mit den Klammern verschließen.

2. Die Gläser in einen Bräter stellen, ohne dass sie sich berühren. Mit heißem Wasser bis knapp unter den Rand auffüllen. Den Bräter in den Ofen schieben. Sobald der Sirup in den Gläsern zu sprudeln beginnt (nach ca. 1 Std.), den Ofen ausschalten und die Gläser noch für weitere 25 Min. im heißen Wasserbad stehen lassen. Die Gläser herausnehmen und zum Abkühlen auf ein Küchentuch stellen. Ganz abkühlen lassen (am besten über Nacht), dann die Klammern abnehmen.

Variante: Mirabellen in Sirup
2 kg Mirabellen waschen, abtropfen lassen und nach Belieben entsteinen. 400 g Zucker, 500 ml Wasser und 3 EL Zitronensaft in einem großen Topf aufkochen und bei mittlerer Hitze in ca. 15 Min. sirupartig einkochen. Die Mirabellen dazugeben, erhitzen und 5 Min. darin kochen lassen. Gläser mit Twist-off-Deckeln heiß ausspülen, die heißen Mirabellen mitsamt Sirup einfüllen, die Gläser gleich verschließen und für 20 Min. umgedreht auf ein Küchentuch stellen. Dann die Gläser umdrehen und ganz abkühlen lassen.

Bild links:
Die Aprikosen dicht an dicht in die Gläser schichten.

Bild oben:
Die Früchte müssen makellos sein
Bild unten:
Die Klammern verschließen die Gläser in den ersten Stunden dicht. Danach können sie abgenommen werden.

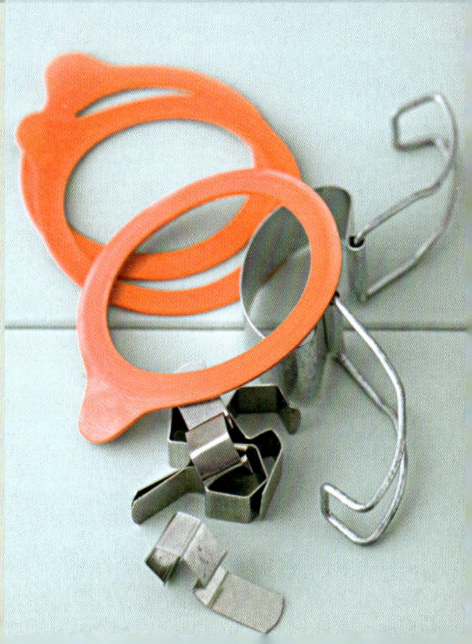

Gut zu wissen

Die für Mirabellen beschriebene Methode eignet sich vor allem für **feste Früchte,** wie zum Beispiel Kirschen, Stachelbeeren oder Birnen. Die Früchte halten sich mindestens 6 Monate. Weicheres Obst lässt sich besser auf die traditionelle Art einmachen, wie für Aprikosen beschrieben. Es hält sich ungeöffnet mindestens 1 Jahr.

J
SCHWARZER
Johannisbeer
Likör

Johannisbeerlikör

Es gehörte zur Familienfeier wie der Spruch »Bist du aber gewachsen!«: Nach dem Essen wurden die feinen Kristallgläschen hervorgeholt und für die Erwachsenen mit »Aufgesetztem« gefüllt. Spätestens jetzt wurde die Stimmung gelöst. Das mag am Alkohol gelegen haben – vielleicht aber auch am würzigen Aroma des Likörs.

500 g Schwarze Johannisbeeren
3 Gewürznelken
1 TL Koriandersamen
1/2 Zimtstange
200 g Zucker
500 ml Wodka oder Korn

Außerdem:
Papierkaffeefilter zum Abgießen

Für 1 Flasche à 500 ml · Pro Portion (40 ml) ca. 160 kcal
20 Min. Zubereitung · 4 Wochen Durchziehen

1. Die Beeren verlesen, waschen und gut abtropfen lassen, dann von den Rispen streifen. In eine Schale geben und mit einer Gabel leicht zerdrücken. Die Gewürze im Mörser grob zerstoßen und dazugeben. Die Beeren abwechselnd mit dem Zucker in ein großes Weckglas schichten. Mit dem Alkohol übergießen. Den Deckel auflegen und das Glas für ca. 4 Wochen an einen warmen, hellen Ort stellen (z. B. auf die Fensterbank).

2. Eine Flasche heiß ausspülen und abtropfen lassen. Den Likör durch einen Papier-Kaffeefilter gießen, dabei die Beeren gut ausdrücken. Likör in die Flasche füllen und gut verschließen.

Austauschtipp

Auf die gleiche Art können Sie auch Likör aus **Erd-, Brom-** oder **Himbeeren** herstellen. Der Likör hält sich mindestens 1 Jahr.

Variante: Eierlikör

Für ca. 1,5 l Eierlikör 1 Vanilleschote längs aufschlitzen und das Mark herauskratzen. 250 g Sahne, 500 ml Milch, Vanilleschote und -mark in einem hohen Topf aufkochen. 250 g Zucker unter Rühren darin auflösen. Den Topf vom Herd nehmen und die Vanillemilch ca. 15 Min. ziehen lassen. Inzwischen 8 sehr frische Eigelbe mit den Quirlen des Handrührers schaumig schlagen. Etwa 1 Tasse der heißen Vanillemilch dazugießen, dabei weiterrühren, dann diese Mischung zur restlichen Vanillemilch in den Topf gießen. Bei mittlerer Hitze erwärmen, dabei ständig am Topfboden rühren, damit nichts ansetzt. Sobald die Flüssigkeit leicht andickt, durch ein Sieb in eine Schüssel gießen. Abkühlen lassen, dann 500 ml Wodka oder Korn unterrühren. In Flaschen abfüllen, verschließen. Hält sich im Kühlschrank maximal 4 Wochen.

Rumtopf

Der Reiz des Verbotenen umwehte den großen Steinguttopf in der Speisekammer, in den während des Sommers nach und nach die schönsten Früchte wanderten. Ein strenges »Finger weg!« beantwortete neugierige Kinderfragen. Heute dürfen wir das Geheimnis lüften und das beschwipste Obst probieren. Endlich!

Im Juni:
500 g kleine Erdbeeren
1 Vanilleschote
1 Zimtstange
500 g Zucker
700 ml Rum (54 %)

Im Juli, August und September:
250 g Himbeeren
250 g Schwarze Johannisbeeren
250 g Sauerkirschen
250 g Aprikosen oder Pfirsiche
250 g Zwetschgen
250 g Birnen
750 g Zucker
ca. 1,5 l Rum (54 %)

Für 12 Portionen · Pro Portion ca. 1000 kcal
3 Std. Zubereitung · mehrere Wochen Durchziehen

1. Einen großen Steinguttopf oder ein großes Glas mit Deckel (ca. 5 l Inhalt) gründlich reinigen und abtrocknen (das Glas mit Alufolie umwickeln, da sonst die Früchte ihre Farbe verlieren).

2. Die Erdbeeren waschen, trocken tupfen und entkelchen. Unzerkleinert in den Topf geben. Die Vanilleschote der Länge nach aufschlitzen. Mit Zimtstange und Zucker unter die Erdbeeren mischen und die Beeren 20 Min. Saft ziehen lassen. 700 ml Rum dazugießen. Sollten die Erdbeeren an die Oberfläche steigen, eine Untertasse zum Beschweren auf die Früchte legen. Das Gefäß verschließen und 3 Wochen an einem kühlen, dunklen Ort stehen lassen.

3. Nach und nach die anderen Früchte dazugeben, sobald sie Saison haben und vollreif sind. Dabei nach folgender Faustregel vorgehen: Die Früchte immer mit der Hälfte ihres Gewichts an Zucker mischen (auf 250 g Himbeeren also z. B. 125 g Zucker verwenden) und jeweils mit 250 ml Rum aufgießen. Große Früchte wie Aprikosen, Pfirsiche oder Zwetschgen entsteinen bzw. entkernen und in Stücke oder Spalten schneiden. Birnen außerdem schälen.

4. Sobald alle Früchte im Rumtopf sind, alles noch mind. 4–6 Wochen durchziehen lassen.

Gelingtipps

Sein unvergleichliches Aroma entwickelt der Rumtopf am besten, wenn Sie ausschließlich **vollreife Früchte** hineingeben. Sie müssen absolut makellos sein und dürfen keinerlei Druckstellen haben.
Sorgen Sie dafür, dass die Früchte immer **mit Rum bedeckt** sind. Gegebenenfalls mit einem Teller beschweren und zusätzlich Rum aufgießen.

Kürbis

süßsauer

Eingelegt wurde er früher, der riesige Gartenkürbis, und zu Suppe gekocht. Weiter reichte die Kreativität kaum. Das hat sich heute gründlich geändert. Trotzdem (oder gerade) deswegen lohnt es sich, dieses Rezept wiederzuentdecken: weil süßsaurer Kürbis eine wunderbare Beilage zum Beispiel zu Grillfleisch abgibt.

300 ml Weißweinessig
350 g Zucker · Salz
1 EL gelbe Senfkörner
1 EL Koriandersamen
6 Gewürznelken
1 Zimtstange
4 Lorbeerblätter
900 g bis 1,5 kg festfleischiger Kürbis (z. B. Hokkaido-, Butternut- oder Muskatkürbis)

Für 3 Gläser à 500 ml · Pro Glas ca. 540 kcal
50 Min. Zubereitung · 24 Std. Durchziehen

1. Essig mit 250 ml Wasser, Zucker, 1 1/2 EL Salz, Gewürzen und Lorbeer aufkochen. Sud erkalten lasen. Kürbis in 2–3 cm breite Spalten schneiden, schälen, Kerne und das faserige Innere entfernen. Das Fruchtfleisch in 2–3 cm große Stücke schneiden. Die Stücke in den Sud geben und abgedeckt 24 Std. bei Raumtemperatur ziehen lassen.

2. Am nächsten Tag Kürbis im Sud aufkochen und in ca. 2 Min. bissfest garen. Kürbisstücke in heiß ausgespülte, weite Gläser mit Twist-off-Deckeln füllen. Mit dem heißen Sud begießen. Die Gläser sofort verschließen und für 20 Min. umgedreht auf ein Küchentuch stellen. Umdrehen und ganz erkalten lassen. Hält sich 1 Jahr.

Küchenpraxistipp

Benötigt werden für das Rezept ca. 600 g **vorbereitetes Fruchtfleisch.** Je nach Kürbissorte und -größe schwankt die Abfallmenge sehr. Kaufen Sie zur Sicherheit einfach etwas mehr Kürbis.

Eingelegte Gurken

Warum die Mühe machen, Gurken selbst einzulegen, wenn doch im Supermarkt regalweise Gurkengläser auf Käufer warten? Vielleicht, weil man mit Kräutern und Gewürzen den Geschmack von früher wiederentdecken kann. Vielleicht aber auch nur, weil es ein befriedigendes Gefühl ist, Gläser mit Eingemachtem in den Vorratsschrank zu stellen.

3 große Salatgurken (à ca. 600 g)
100 g Salz
50 g Meerrettich
500 ml Weißwein- oder Apfelessig
125 g Zucker
50 g gelbe Senfsamen
5 Lorbeerblätter
je 1/2 Bund Dill und Estragon

Für 3 Gläser à 500 ml · Pro Glas ca. 290 kcal
1 Std. Zubereitung · 2 Tage Durchziehen

1. Gurken schälen, längs halbieren und Kerne mit einem Löffel herauskratzen. Gurken in etwa 2 cm breite Stücke schneiden, in einer Schüssel mit Salz mischen und abgedeckt 24 Std. kühl ziehen lassen.

2. Am nächsten Tag Gurken abtropfen lassen. Meerrettich schälen, in 1 cm große Stücke schneiden. Essig, 500 ml Wasser, Zucker, Senf, Lorbeerblätter und Meerrettich aufkochen. Gurken hineingeben, einmal aufkochen. Abkühlen lassen, Gurken im Sud etwa 24 Std. ziehen lassen.

3. Am nächsten Tag die Kräuter waschen, trocknen und von den Stängeln zupfen. In einem großen Topf reichlich Wasser aufkochen. Die Einmachgläser für 5–10 Min. ins kochende Wasser legen. Herausnehmen, abtropfen lassen. Gurkenstücke mit den Kräutern auf die Gläser verteilen. Den Essigsud aufkochen und heiß mit den Gewürzen über die Gurken gießen, die vollständig bedeckt sein müssen. Die Gläser verschließen. Kühl gelagert halten sie sich ca. 1 Jahr.

Register

E

F

G

H

J

K

L

M

N · O

P

Die Autorinnen

Anne-Katrin Weber veröffentlichte bereits zahlreiche Koch- und Backbücher – darunter auch den Bestseller »Kleine Kuchen«. Im vorliegenden Buch konnte die Köchin und Ernährungswissenschaftlerin in vielen Erinnerungen aus ihrer Kindheit schwelgen. Als Autorin war sie für die Rezeptauswahl verantwortlich und erstellte sämtliche Rezepte, als Foodstylistin setzte sie diese anschließend vor der Kamera optisch um. Viele Gerichte aus ihrer eigenen Kindheit flossen in die »Küchenschätze« ein – Gerichte, die heute wiederum zu den Lieblingsgerichten ihrer Familie gehören. Wen wundert's, bringt die in Hamburg lebende Exilschwäbin doch gerne geschmälzte Maultaschen und Träubleskuchen auf den Tisch.

Sabine Schlimm lebt als Texterin, Lektorin und Übersetzerin in Hamburg. Ihre Leidenschaft für alles, was gut schmeckt, teilt sie gerne: kochend mit Freunden und Familie, schreibend mit allen anderen Menschen. Für dieses Buch ist sie auf die Suche gegangen nach dem besonderen Geschmack, der die Lieblingsgerichte ihrer Kindheit ausgemacht hat. Seitdem gibt es auch häufiger wieder Streuselkuchen.

Die Fotografin

Julia Hoersch, Jahrgang 1962, ist vielfach ausgezeichnete Fotografin. Sie arbeitet seit 1991 als freie Fotografin in Hamburg für zahlreiche renommierte Magazine, Agenturen und Buchverlage. Eines ihrer Lieblingsthemen ist Food, wie die stimmungsvollen Fotos in diesem Buch beweisen.
www.juliahoersch.de

Ein großes Dankeschön geht an **Dietlind Wolf** für Styling und Requisite.

Syndication: www.jalag-syndication.de

Konzept und Projektleitung: Alessandra Redies

Lektorat: Sabine Schlimm

Korrektorat: Waltraud Schmidt

Satz: Knipping Werbung GmbH, Berg bei Starnberg

Innenlayout, Typografie und Umschlaggestaltung: independent Medien-Design, Horst Moser, München

Herstellung: Petra Roth

Repro: Wahl Media GmbH, München

Druck: Firmengruppe APPL, aprinta druck, Wemding

Bindung: Firmengruppe APPL, m.appl GmbH, Wemding

ISBN 978-3-8338-2048-9
1. Auflage 2010

Literaturnachweis

Das Zitat von Josef Guggenmos auf Seite 131 stammt aus dem Buch »Groß ist die Welt. Die schönsten Gedichte« (Beltz & Gelberg 2006). Der Abdruck erfolgte mit freundlicher Genehmigung der Verlagsgruppe Beltz.

Die **GU-Homepage** finden Sie unter **www.gu.de**

Unsere Garantie

Alle Informationen in diesem Ratgeber sind sorgfältig und gewissenhaft geprüft. Sollte dennoch einmal ein Fehler enthalten sein, schicken Sie uns das Buch mit dem entsprechenden Hinweis an unseren Leserservice zurück. Wir tauschen Ihnen den GU-Ratgeber gegen einen anderen zum gleichen oder einem ähnlichen Thema um.

Liebe Leserin und lieber Leser,

wir freuen uns, dass Sie sich für ein GU-Buch entschieden haben. Mit Ihrem Kauf setzen Sie auf die Qualität, Kompetenz und Aktualität unserer Ratgeber. Dafür sagen wir Danke! Wir wollen als führender Ratgeberverlag noch besser werden. Daher ist uns Ihre Meinung wichtig. Bitte senden Sie uns Ihre Anregungen, Ihre Kritik oder Ihr Lob zu unseren Büchern. Haben Sie Fragen oder benötigen Sie weiteren Rat zum Thema? Wir freuen uns auf Ihre Nachricht!

Wir sind für Sie da!
Montag–Donnerstag: 8.00–18.00 Uhr;
Freitag: 8.00–16.00 Uhr

Tel.: 0180-5005054* *(0,14 €/Min. aus dem dt. Festnetz/
Fax: 0180-5012054* Mobilfunkpreise maximal 0,42 €/Min.)
E-Mail: leserservice@graefe-und-unzer.de

P.S.: Wollen Sie noch mehr Aktuelles von GU wissen, dann abonnieren Sie doch unseren kostenlosen GU-Online-Newsletter und/oder unsere kostenlosen Kundenmagazine.

GRÄFE UND UNZER VERLAG
Leserservice · Postfach 86 03 13 · 81630 München

GRÄFE UND UNZER

Ein Unternehmen der
GANSKE VERLAGSGRUPPE